NATAÇÃO
TERAPÊUTICA PARA
ASMÁTICOS

Instituto Phorte Educação
Phorte Editora

Diretor-Presidente
Fabio Mazzonetto

Diretora-Executiva
Vânia M.V. Mazzonetto

Editor-Executivo
Tulio Loyelo

PAULO ROBERTO DE OLIVEIRA

NATAÇÃO
TERAPÊUTICA PARA
ASMÁTICOS

São Paulo, 2011

Natação terapêutica para asmáticos
Copyright © 2011 by Phorte Editora

Rua Treze de Maio, 596
CEP: 01327-000
Bela Vista – São Paulo – SP
Tel/fax: (11) 3141-1033
Site: www.phorte.com
E-mail: phorte@phorte.com

Nenhuma parte deste livro pode ser reproduzida ou transmitida de qualquer forma ou por quaisquer meios eletrônico, mecânico, fotocopiado, gravado ou outro, sem autorização prévia por escrito da Phorte Editora Ltda.

CIP-BRASIL. CATALOGAÇÃO-NA-FONTE
SINDICATO NACIONAL DOS EDITORES DE LIVROS, RJ

O48n

Oliveira, Paulo Roberto de

Natação terapêutica para asmáticos / Paulo Roberto de Oliveira. - São Paulo: Phorte, 2011.
144p.: il.

Apêndice
Inclui bibliografia
ISBN 978-85-7655-318-2

1. Natação - Uso terapêutico. 2. Asma - Tratamento. I. Título.

11-4032.   CDD: 797.21
                         CDU: 797.21

04.07.11   07.07.11   027737

Impresso no Brasil
Printed in Brazil

Aos meus filhos, Karin Barbosa de Oliveira e Lucas Barbosa de Oliveira

e

À minha esposa, Amélia Borges Leão.

Aos meus pais, Geraldo Pinto de Oliveira e Lândia Afonso de Oliveira

e

Ao meu irmão, Paulo César de Oliveira.

Aos meus amigos Mauro Humberto Beraldo Guimarães, Reginaldo Ramos Leal, Rui Fernando Ramos Leal e Paulo Roberto Brito Vilela.

AGRADECIMENTOS

Agradeço a todos que contribuíram para a elaboração deste trabalho:

Lauro Take Tomo Veloso, Soline Flexa Marinho, Sandro Luiz Molines Junior e Patrícia Silva de Oliveira Santos.

Em especial atenção, aos pacientes que procuram pelo nosso trabalho, pela confiança e amizade.

PREFÁCIO (I)

As doenças pulmonares obstrutivas crônicas, dentre elas a asma brônquica, nos dias de hoje têm tido a sua prevalência aumentada.

É uma doença que atinge todas as faixas etárias, desde o lactente no segundo semestre de vida até o idoso.

Por ser uma doença crônica desencadeada por multifatores, é necessário o seu tratamento de forma global, com equipe multidisciplinar, em que, além do tratamento medicamentoso, os profissionais fisioterapeuta e educador físico têm papel fundamental no suporte e prevenção.

Neste livro, o Educador Físico especializado em Natação Terapêutica para Portadores de Asma mostra, de maneira clara e objetiva, a sua experiência com esse grupo de pacientes em seis anos de trabalho no NAIS (Núcleo de Atenção Integral à Saúde da Unimed São José dos Campos/SP), onde atualmente coordena e desenvolve a prática da Natação Terapêutica para grupos de até vinte pacientes asmáticos.

Dra. Rosangela Henrique Araújo Santos
Médica-Pediatra[1]

---

[1] Coordenadora-Geral do Núcleo de Atenção Integral à Saúde (NAIS) da Unimed São José dos Campos/SP.

PREFÁCIO (II)

Natação terapêutica para asmáticos é um livro didático que contém suficiente material para enriquecer o conhecimento sobre o tema central, proporcionando ao leitor o conhecimento fisiopatológico da asma, a fisiologia respiratória aplicada, métodos de avaliação e reavaliação respiratória e programa de aplicação aquático. Além disso, documenta a efetividade do tratamento em termos de resultado funcional.

Uma característica muito importante deste livro é a quantidade de fotografias e desenhos, os quais foram cuidadosamente selecionados e inseridos para ilustrar e reforçar os conceitos e técnicas apresentados no texto.

O humanismo que aos poucos está sendo difundido com carinho em vários setores da sociedade, aparece neste livro com características fortes, envolvendo profissionais da saúde. Observam-se com clareza a preocupação do autor com as questões sociais, as questões de apoio à vida e ao cuidado com o ser humano.

A partir da experiência clínica compartilhada pelo autor, o conteúdo é direcionado desde o princípio para o desenvolvimento de uma compreensão do paciente como um todo e para a elaboração de tratamento interdisciplinar satisfatório.

Natação terapêutica para asmáticos é uma das ferramentas-chave que um fisioterapeuta pode usar para restaurar e melhorar o bem-estar do paciente asmático.

As informações contidas neste manual são essenciais para os profissionais que buscam tratar seus pacientes preventivamente e, por isso, destacam-se promovendo melhor qualidade de vida além de reduzir custos com os tratamentos medicamentosos e hospitalares.

O leitor deve admitir que se trata de um trabalho especial. É um livro que certamente vai encantar e ser de extrema utilidade.

Patrícia Aparecida Silva de Oliveira Santos
Fisioterapeuta

APRESENTAÇÃO

A Educação Física tem sua indicação como um processo de transformação muito positiva em sua abrangência na área de saúde.

Há mais de 25 anos, dedico-me ao estudo da Natação Terapêutica para pneumopatas, e as dificuldades nunca foram um obstáculo para obter parâmetros conclusivos com relação à eficiência do programa de aplicação.

Hoje, já podemos até comemorar, pela sua inclusão em programas de medicina preventiva – promoção de saúde-educação e atuação em asma –, em convênio médico.

O Livro *Natação terapêutica para asmáticos* é uma proposta em despertar o interesse de profissionais e graduandos em Educação Física, em abraçar essa especialização.

A proposta desse livro é simples: desejo levar otimismo e informações para aqueles que procuram um início profissional.

Espero que este manual atinja todas as expectativas do leitor.

Paulo R. de Oliveira

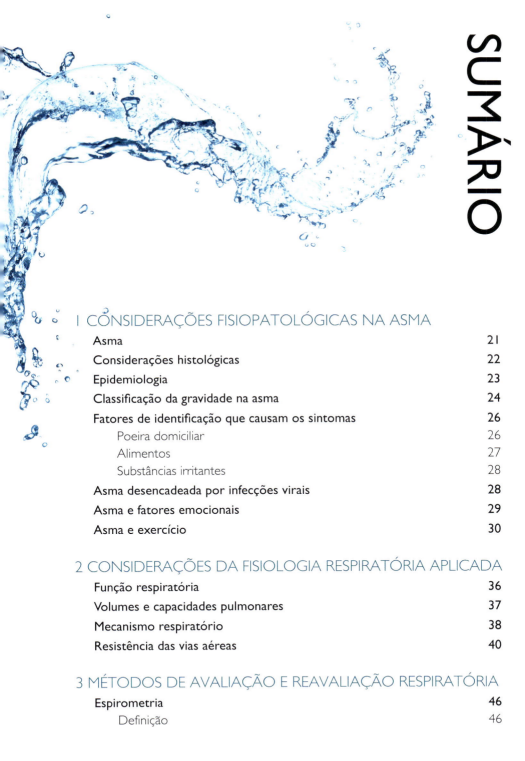

1 CONSIDERAÇÕES FISIOPATOLÓGICAS NA ASMA

Asma	21
Considerações histológicas	22
Epidemiologia	23
Classificação da gravidade na asma	24
Fatores de identificação que causam os sintomas	26
Poeira domiciliar	26
Alimentos	27
Substâncias irritantes	28
Asma desencadeada por infecções virais	28
Asma e fatores emocionais	29
Asma e exercício	30

2 CONSIDERAÇÕES DA FISIOLOGIA RESPIRATÓRIA APLICADA

Função respiratória	36
Volumes e capacidades pulmonares	37
Mecanismo respiratório	38
Resistência das vias aéreas	40

3 MÉTODOS DE AVALIAÇÃO E REAVALIAÇÃO RESPIRATÓRIA

Espirometria	46
Definição	46

Peak flow meters	48
Procedimentos importantes para a realização do teste	53
PIKO I	54
Perimetria dinâmica torácica	55

4 PROGRAMA DE APLICAÇÃO AQUÁTICO

Introdução	63
Mecanismo respiratório durante o exercício	65
Objetivos do programa de natação terapêutica	67
Procedimentos iniciais para o atendimento	67
Programa de aplicação	68
Estrutura física	70
Piscina	70
Profundidade	70
Temperatura da água	70
Tratamento da água da piscina	71
Programa de exercícios aquáticos	71
Fluxo expiratório	71
Tempo de expiração oral	73
Exercícios fundamentais de ventilação e reexpansão	74
Trabalho diafragmático em deslocamento ventral	74
Trabalho diafragmático em deslocamento dorsal	75
Exercícios complementares – nados indicados (*crawl* e costas)	77
Exercícios de recuperação do ritmo respiratório	81
Exercícios posturais associados	84

APÊNDICE - PROGRAMA DE EDUCAÇÃO E ATUAÇÃO EM ASMA

Natação Terapêutica	115
Cronograma de desenvolvimento	116
Modelo da operacionalização dos Programas de Natação Terapêutica e Fisioterapia Respiratória do Projeto ASMA – Unimed-SJC	116
Modelo de procedimentos iniciais do programa de educação e atuação em asma	118
Cronograma para o sorteio dos programas de natação terapêutica e fisioterapia respiratória, e dias e horários agendados para a realização das avaliações respiratória e postural	118

Modelo para os procedimentos iniciais da avaliação e reavaliação da	
fisioterapia respiratória	119
Programa de fisioterapia respiratória	119
Objetivos do programa de fisioterapia respiratória no Projeto ASMA	120
Programa de nutrição	**120**
Atendimento nutricional para asmáticos	121
Programa de apoio psicológico	**121**
Psicólogo Lauro Take Tomo Veloso	121
Programa educativo de enfermagem	**122**
Programa de Natação Terapêutica	**122**
Programa de educação em asma	**124**
Peak flow meter	128
Tratamento medicamentoso	130
Atividade física e asma	130
A importância de uma equipe interdisciplinar	**130**
Relatório das avaliações por amostragem dos pacientes	
inscritos no programa em 2006	131
Modelo de encaminhamento e alta para o programa de	
natação terapêutica para asmáticos	**133**
Comentários	**134**
Relatos dos pacientes e responsáveis no programa de 2006	**134**

BIBLIOGRAFIA RECOMENDADA 139

I
CONSIDERAÇÕES FISIOPATOLÓGICAS NA ASMA

ASMA

Asma é uma doença inflamatória crônica das vias aéreas, que provoca um aumento de reatividade destas a uma variedade de estímulos, promovendo episódios recorrentes de tosse, sibilos ou opressão no peito, sendo o processo reversível com a utilização medicamentosa ou espontaneamente.

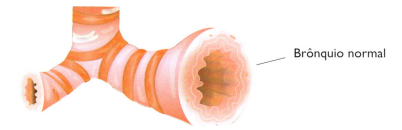

Figura 1.1 – Via aérea livre de obstrução brônquica.

É caracterizada por:

- Processo inflamatório das vias aéreas, com participação celular, principalmente dos mastócitos e os eosinófilos, bem como as substâncias produzidas por essas células.

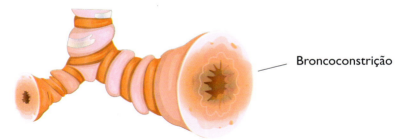

FIGURA 1.2 – Via aérea com obstrução brônquica.

- Processo obstrutivo ao fluxo aéreo pode ser reversível espontaneamente ou com tratamento.
- Ocorre um aumento da reatividade das vias aéreas, decorrentes de vários estímulos (hiper-responsividade brônquica).

A responsividade das vias aéreas é uma tendência normal destas, para a contração, sob a influência de diversos estímulos. Já a hiper-responsividade é uma resposta supranormal de contração das vias aéreas a um determinado estímulo. Portanto, o termo engloba a hipersensibilidade e a hiper-reatividade brônquica.

Com isso, temos uma limitação variável ao fluxo de ar, com uma broncoconstrição variável, que pode ser espontânea ou resposta ao tratamento, como consequência de diversos estímulos de ordem intrínseca ou intrínseca.

Os episódios são decorrentes de sibilância, dispneia (dificuldade respiratória), aperto no peito e tosse, especialmente à noite e pela manhã, ou ao despertar.

CONSIDERAÇÕES HISTOLÓGICAS

A hipertrofia das glândulas de mucosa é responsável pelo aumento das secreções traqueobrônquicas, bem como a formação de tampões (rolhas de mucosa) e, com o aumento da permeabilidade capilar, ocorre a formação de edema da mucosa.

Os infiltrados por células inflamatórias (mastócitos, eosinófilos, neutrófilos, linfócitos e basófilos), podem produzir substâncias mediadoras que induzem ao broncoespasmo; e no processo inflamatório agudo leva a broncoconstrição, edema, hipersecreção e tosse.

Já na inflamação crônica, as células inflamatórias, como mastócitos e eosinófilos, levam a alterações epiteliais e das estruturas brônquicas, ocasionando a remodelagem das vias aéreas, com a proliferação celular e fibrose.

O processo inflamatório na asma se encontra presente nas vias aéreas centrais (grandes vias aéreas), com diâmetro acima de 2 mm e nas vias aéreas periféricas (pequenas vias aéreas), com diâmetro abaixo de 2 mm.

EPIDEMIOLOGIA

Anualmente, ocorre no Brasil cerca de 350 mil internações por asma, constituindo a quarta causa de hospitalização pelo SUS (2,8%), sendo a terceira causa entre crianças e adultos jovens, com um custo de 76 milhões de reais (dados de 1996), significando o terceiro maior valor gasto em uma doença, chegando a 2.000 óbitos ano.

A prevalência mundial vem aumentando (20% a 50% a cada 10 anos) e a metade dos casos de asma inicia os sintomas antes dos 5 anos de idade, $\frac{1}{3}$ tem idade inferior a 18 anos, e 25% apresentam os sintomas após os 40 anos.

Dentre os fatores de risco para desenvolver a doença, destaca-se o fator genético (pré-disposição genética).

A possibilidade de um filho vir a desenvolver a doença em que um dos pais é asmático é de 25%, e no caso de dois pais asmáticos, sobe para cerca de 50%.

Os óbitos causados por asma representam por volta de 0,8% do total e têm aumentado nos últimos anos em várias localidades no mundo.

São fatores importantes na redução dos óbitos por asma, o reconhecimento da gravidade da doença e o tratamento padronizado nas internações hospitalares.

Causas de exacerbações:

- exercício e hiperventilação;
- alterações climáticas;
- infecções respiratórias;
- alergênios;
- alimentos;
- fármacos;

CLASSIFICAÇÃO DA GRAVIDADE NA ASMA

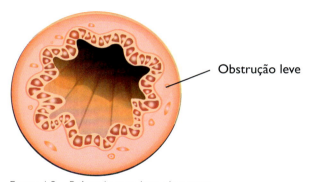

FIGURA 1.3 – Brônquio com leve obstrução.

Asma persistente leve apresenta-se com:

- sintomas semanais igual ou maior que uma vez por semana, uma vez ao dia;
- sintomas noturnos (quinzenais) igual ou maior que duas vezes ao mês e igual ou menor que uma vez por semana;
- dispneia ausente ou leve;
- sibilos ausentes ou presentes;
- PEF (% do previsto) acima de 50%;

- VEF1 (% do previsto) 60% a 80%;
- incidência: 60% dos casos.

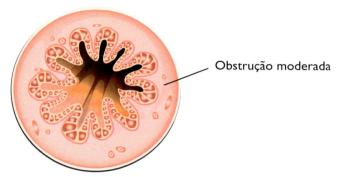

FIGURA 1.4 – Brônquio com obstrução moderada.

Asma persistente moderada apresenta-se com:

- sintomas diários, porém não contínuos;
- sintomas noturnos (semanais) acima de uma vez por semana;
- dispneia ausente ou leve;
- sibilos ausentes ou presentes;
- PEF (% do previsto) acima de 50%;
- VEF1 (% do previsto) 40% a 60%;
- incidência: 25% a 30% dos casos.

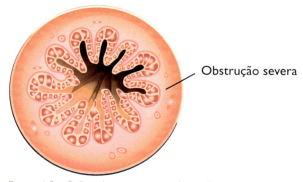

FIGURA 1.5 – Brônquio com severa obstrução.

Asma persistente grave apresenta-se com:

- sintomas diários e contínuos;
- sintomas noturnos (quase diários) acima de duas vezes por semana;
- dispneia importante;
- sibilos presentes (localizados ou difusos);
- PEF (% do previsto) 30% a 50%;
- VEF1 (% do previsto) abaixo de 40%;
- incidência: 05% a 10% dos casos.

FATORES DE IDENTIFICAÇÃO QUE CAUSAM OS SINTOMAS

Poeira domiciliar

É um agente desencadeante de grande importância, sendo a domiciliar mais significativa que a da rua, que apenas atua como um fator irritante e não alérgico. Já a domiciliar, é um agente de substâncias alergizantes, ou seja, um acúmulo de matérias vivas ou insetos, restos de alimentos, fibras de algodão, celulose, pelos de animais, fezes de baratas, pele humana e de animal (descamação), fungos, mofos e ácaros.

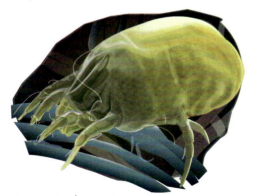

Figura 1.6 – Ácaro (*Dermatophagoides pteronyssinus e farinae*).

O *Dermatophagoides pteronyssinus* e *farinae* são os habitantes mais importantes em nosso domicílio, uma vez que se alimentam da descamação de pele, encontrada com facilidade na cama de nosso dormitório. Podem provocar dermatites, rinites, asma e reproduzem com facilidade (uma fêmea pode pôr até 50 ovos) e possuem um ciclo de vida de 30 a 35 dias. Desenvolvem-se em temperaturas entre 25 e 30 °C, com uma umidade de 75% a 80% portanto, não resistem ao calor, ao frio e a ambientes secos.

Apesar de mortos, continuam sendo um potente agente alergizante, pois as fezes e partes de seu corpo são importantes desencadeantes de sintomas alérgicos.

Lembrando que os pelos ou descamações da pele de animais, permanecem no ambiente por vários dias, desencadeando os processos alérgicos.

Os cães e gatos devem ser mantidos fora da casa e principalmente do quarto de dormir e as medidas como, forrar os colchões e travesseiros com capas impermeáveis é de grande valia contra as substâncias alergizantes, devendo manter sempre a sua higienização (lavadas).

ALIMENTOS

Muitas pessoas consomem alimentos industrializados que contém: aditivos químicos, flavorizantes e corantes que são substâncias que podem desencadear crises de asma e não trazem nenhuma vantagem à saúde.

Sempre que for consumir algum produto industrializado, comida ou bebida, não deixe de ler a sua composição.

É preferível a ingestão de uma fruta, a um pacote de salgadinhos e um copo de suco natural feito na hora, a um refrigerante e consulte sempre que puder a orientação de um nutricionista.

SUBSTÂNCIAS IRRITANTES

São aquelas que causam agressão nos brônquios e desencadeiam os processos alérgicos, como: perfumes, fumaça de cigarros, poluição atmosférica, produtos de limpeza, tintas, inseticidas e *sprays*.

Faça uma avaliação dos produtos usados na higiene pessoal e na limpeza de sua casa, produtos que possam causar algum tipo de irritação devem ser eliminados.

É bom lembrar que a fumaça de cigarros espalha-se rapidamente, portanto, não fume e não deixe que fumem dentro de sua casa.

Não exponha o asmático à fumaça de cigarros, seja em casa, no carro ou em outros ambientes fechados.

ASMA DESENCADEADA POR INFECÇÕES VIRAIS

As infecções virais são desencadeantes muito comuns na asma, especialmente em crianças e idosos.

Os agentes mais frequentes nas crianças são o vírus sincicial e o micoplasma, e, na fase adulta, o rinovírus e o influenza são os mais importantes.

O resfriado comum tem como consequência uma respiração oral contínua, em razão da obstrução nasal e com isso o ar que entra através da cavidade bucal não é umidificado e aquecido. Portanto, a broncoconstrição se deve, semelhante à induzida pela inalação de ar seco e frio, bem como a desencadeada por exercício.

A dificuldade na filtragem de alergênios é um fator colaborador para a disseminação para nas vias aéreas de menor calibre.

Algumas crianças apresentam uma crise asmática logo após uma infecção viral e desenvolvem um anticorpo IGE antiviral durante o processo inflamatório.

As crianças que tiveram bronquiolite, apresentam uma incidência maior de asma na infância, demonstrando uma pré-disposição para a doença. É importante o asmático proteger-se das infecções virais, evitando locais com aglomeração, fechados e com má-ventilação.

ASMA E FATORES EMOCIONAIS

A asma desencadeada por fatores emocionais deveria ter uma atenção maior, pelo fato de ser um dos fatores muito comuns na exacerbação das crises.

A asma possui uma interligação direta com os aspectos emocionais do paciente, seja nos momentos de estresse (medo das crises e internações hospitalares), superproteção dos pais, ansiedade e transtornos comportamentais, como a hiperatividade ou a introspecção.

Os programas educativos para pais e asmáticos, são de suma importância para o controle e tratamento dos distúrbios emocionais.

Existe uma interligação entre os fatores de ordem física e emocionais, o mecanismo é complexo, demonstra, porém, que a resposta alérgica possui uma influência direta com os aspectos emocionais.

Em minha vivência profissional, tenho observado, principalmente nas crianças, comportamentos emocionais que se modificam ao longo do desenvolvimento da atividade *natação terapêutica*.

Algumas crianças, ao iniciarem o programa de piscina, apresentam tosse (psicogênica), que acredito ter uma relação direta com a ansiedade em desenvolver a atividade no mesmo nível de seus colegas mais adaptados. À medida que essas crianças evoluem tecnicamente no aprendizado dos exercícios, a tendência é diminuir a ansiedade e, com isso, a tosse tende a desaparecer.

Outro aspecto observado é a rapidez em desenvolver os exercícios aplicados, o que tem relação com a excitabilidade e hiperatividade. Uma das contribuições para o controle desses distúrbios emocionais são as palestras educativas com orientações de um psicólogo, aos pais e às crianças asmáticas, inscritas em nosso programa de educação e atuação em asma.

A introspecção é um fator observado comumente nas crianças, principalmente no início do programa e a socialização possui uma interferência positiva nesse sentido.

Com relação aos adultos, o componente que mais me chama a atenção é o medo da dependência medicamentosa e a maioria dos pacientes é resistente ao tratamento contínuo.

As palestras educativas também têm ajudado muito a modificar esse quadro, onde médicos especialistas (pneumologistas) orientam qual a forma adequada de administração medicamentosa, diminuindo os seus efeitos adversos.

ASMA E EXERCÍCIO

Figura 1.7 – Atividade física em piscina.

A maioria dos asmáticos é capaz de desenvolver asma induzida pelo exercício (AIE) ou broncoespasmo induzido pelo exercício (BIE), denominação mais adequada, uma vez que em alguns pacientes é a única forma de desencadear as crises de asma.

O episódio ocorre em 70% a 90% dos pacientes asmáticos, principalmente em crianças, decorrentes da frequência de atividades físicas nessa idade.

A incidência se manifesta em indivíduos com asma leve e moderada, sobretudo em crianças e adolescentes, uma vez que pacientes com asma grave possuem limitação funcional importante e não realizam atividades físicas.

Após a realização de uma atividade física, a queda do VEF1 e PEF pode estar em torno de 15% do previsto e a manifestação dos sintomas é semelhante a asma desencadeada por outros fatores, sendo os principais sintomas: tosse, dispneia e sibilância.

Os sintomas surgem entre 05 e 10 minutos de um exercício físico, com intensidade suficiente para desencadear todo o processo. A atividade física que mais desencadeia BIE é a corrida, seguida do ciclismo e da natação, principalmente se forem realizadas em climas frio e seco. A liberação de catecolaminas durante a atividade física leva a uma leve broncodilatação, evitando-a na atividade continuada.

Acredito que a atividade física controlada, orientada e adaptada, proporcionará esse benefício, como podemos registrar a melhora do pico de fluxo em pacientes que desenvolvem a natação terapêutica.

As explicações para o BIE são baseadas em várias teorias, contudo, leva-nos a crer que o resfriamento das vias aéreas, a perda de água e calor no trato respiratório resulta em hiperosmoralidade da mucosa brônquica, liberação de mediadores através dos mastócitos, levando à constrição da musculatura lisa brônquica.

A hiperventilação provocada durante a atividade física intensa, impossibilita que o ar chegue aos alvéolos e, associada à diminuição de temperatura no ar inspirado, ocorrerá uma tendência de broncoconstrição (fechamento das vias aéreas) como resposta ao exercício.

O asmático não deve privar-se da utilização de atividades físicas, quando bem orientadas e controladas, certamente contribuirão para uma vida melhor e procurar sempre a orientação de um profissional especializado que poderá ajudá-lo a atingir os seus objetivos.

2 | CONSIDERAÇÕES DA FISIOLOGIA RESPIRATÓRIA APLICADA

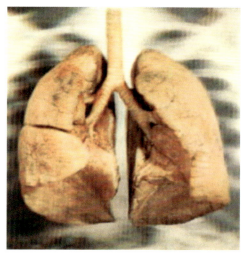
FIGURA 2.1 – Pulmão sem presença de alterações patológicas.

A fisiologia respiratória é ampla, complexa e fundamental na formação de profissionais atuantes na área de saúde.

Sabemos que existe uma grande lacuna nos curso de formação de profissionais da saúde, em termos de fisiologia respiratória, principalmente na graduação de Educação Física.

Os profissionais da área que atuam em programas adaptados para pneumopatias, buscam, em livros e artigos específicos, subsídios complementares para uma maior solidificação dos conceitos fundamentais para a realização de seus trabalhos.

Este capítulo refere-se aos conceitos básicos da fisiologia respiratória aplicada às atividades físicas adaptadas às pneumopatias, a fim de um maior entendimento funcional da aplicação de exercícios e sua estruturação.

FUNÇÃO RESPIRATÓRIA

O processo fundamental respiratório é fornecer oxigênio para as células do organismo e retirar o dióxido de carbono, sendo essa função primordial denominada de trocas gasosas. Esse processo ocorre através da difusão de gases, que consiste de um sistema condutor: fossas nasais, laringe, traqueia, brônquios e bronquíolos.

O volume das vias de condução aérea é de 150 ml e, por não conterem alvéolos, são chamadas de espaço morto anatômico. A porção terminal do bronquíolo respiratório possui alvéolos ocasionais, que surgem de suas paredes chegando finalmente aos ductos alveolares, onde ocorrem as trocas gasosas e essa área é chamada de zona respiratória, com um volume aproximado de 3.000 ml, constituindo a maior área pulmonar.

No ato inspiratório, o volume da caixa torácica tende a aumentar-se para que o ar chegue aos pulmões, e esse aumento é responsável pela contração do diafragma e dos músculos intercostais, que elevam as costelas e aumentam o diâmetro transverso do tórax.

O ar inspirado entra no sistema respiratório até atingir os bronquíolos terminais por meio de um fluxo e também por causa do grande número de ramificações.

A sua velocidade de progressão torna-se muito pequena e com isso a difusão gasosa é o mecanismo fundamental para a realização da ventilação pulmonar.

No processo expiratório, o volume de ar é expirado a cada movimento respiratório, por exemplo, se um indivíduo expira 500 ml em 15 incursões respiratórias por minuto, o volume de ar eliminado será de 7.500 ml/min, ou seja, os 500 ml multiplicados pelas 15 incursões e a esse processo, denomina-se de ventilação minuto ou ventilação total.

O volume de ar inspirado, normalmente é maior que o expirado, uma vez que a captação de oxigênio é maior que a eliminação de dióxido de carbono. No entanto, nem todo o volume de ar que entra pelo sistema respiratório, atinge a região alveolar, de cada 500 ml inspirado, 150 ml se depositam no espaço morto anatômico. Com esse processo teremos: 500 ml inspirado menos 150 ml do espaço morto anatômico vezes 15 movimentos respiratórios/min e o resultado será de 5.250 ml/min, denominado de ventilação alveolar.

VOLUMES E CAPACIDADES PULMONARES

- VC: volume corrente é o volume de ar que entra e sai dos pulmões em cada movimento respiratório, correspondendo a 500 ml no adulto.
- VRE: volume de reserva expiratório é a quantidade máxima de ar expirado, após o final da expiração, corresponde a 1.200 ml no adulto.
- VRI: volume de reserva inspiratório é a quantidade máxima de ar inspirado, após o final da inspiração, corresponde a 3.100 ml.
- VR: volume residual é a quantidade de ar que permanece nos pulmões ao final da expiração máxima, corresponde a 1.200 ml.
- CV: capacidade vital é o maior volume de ar expirado, após uma inspiração máxima, corresponde a 4.800 ml.
- CI: capacidade inspiratória é o volume máximo de ar inspirado a partir do ponto de repouso expiratório, corresponde a 3.600 ml.
- CRF: capacidade residual funcional é o volume de ar que permanece nos pulmões após o período de repouso expiratório, corresponde a 2.400 ml.

- CPT: capacidade pulmonar total é a quantidade de volume de ar, após uma inspiração máxima, corresponde a 6.000 ml.

Normalmente, o aumento da capacidade vital durante a atividade física contribui em parte para que ocorra um aumento na ventilação minuto. A ventilação minuto é a quantidade de ar inspirado e expirado em um minuto, ou seja, o volume corrente x a frequência respiratória.

Durante a atividade física, a capacidade vital pode aumentar de 5 a 6 vezes com relação ao repouso, utilizando, portanto, o volume de reserva inspiratória, mais que o volume de reserva expiratório.

Quando ocorre diminuição da capacidade pulmonar total e da capacidade vital durante a realização de atividades físicas, isso se deve ao aumento no fluxo sanguíneo pulmonar que promove o aumento da quantidade de sangue nos capilares, reduzindo o espaço disponível para a quantidade de volume de ar.

MECANISMO RESPIRATÓRIO

A renovação constante do ar contido no interior dos pulmões é chamada de ventilação pulmonar. O mecanismo de realização desse processo é feito através do fluxo inspiratório e expiratório e sob a influência de diferenças de pressões.

O mecanismo respiratório possui uma fonte geradora de força, a contração muscular e, quando um indivíduo inspira, a ação dos músculos respiratórios produz um aumento do volume na caixa torácica e diminui a pressão intrapulmonar.

O processo inspiratório é comandado principalmente pelo diafragma, que é um músculo eminentemente inspiratório, que separa a cavidade torácica da abdominal, inervado pelo nervo frênico e sua forma é de cúpula, localizado nas últimas costelas.

Sua contração faz que se mova para baixo, em direção ao conteúdo abdominal, aumentando o diâmetro vertical da cavidade torácica, e as bordas costais são elevadas e direcionadas para fora, aumentando o diâmetro transverso torácico.

Durante o processo respiratório em repouso, o diafragma move-se por volta de 1 cm e sua excursão pode chegar até 10 cm, em situações de inspiração e expiração forçadas.

Os músculos intercostais externos (inspiratórios) e com inervação pelos nervos intercostais possuem uma contração que faz que as costelas sejam puxadas para cima, para frente e aumentando o volume torácico, nos diâmetros lateral e anteroposterior.

Os músculos acessórios inspiratórios incluem o esternoclidomastóideos, que possuem a ação de elevar o esterno e os escalenos que atuam na elevação das duas primeiras costelas.

Esses músculos possuem pouca atividade na respiração em repouso, podem, porém, contrair-se de forma intensa durante o exercício.

Quando ocorre o processo inspiratório, a musculatura inspiratória se contrai e ocorre uma distensão dos tecidos elásticos pulmonares e do tórax, promovendo um armazenamento de energia.

Na expiração, existe uma retração desses tecidos elásticos, fazendo que a energia armazenada seja liberada. A expiração ocorre de maneira passiva durante a respiração em repouso e os principais músculos da expiração são: os da parede abdominal (retos abdominais, oblíquos internos e externos e transverso do abdômen).

A contração dos músculos expiratórios promove a flexão do tronco, diminui o volume abdominal, abaixa as últimas costelas e empurra o diafragma para cima.

Os músculos intercostais internos possuem uma atuação auxiliar na expiração ativa, por meio do rebaixamento das costelas e seu deslocamento para dentro, diminuindo o volume torácico.

O mecanismo de retração e expansão dos pulmões e do tórax, produzem uma pressão subatmosférica (negativa) no espaço pleural e durante o processo respiratório (inspiração e expiração), a pressão pleural é normalmente negativa, o que contribui para a aproximação do tórax e pulmões.

Quando acontece o processo inspiratório durante a contração dos músculos inspiratórios, o volume da caixa torácica tende a aumentar e a pleura parietal acompanha a mobilidade torácica.

A expansão toracopulmonar resultante promoverá uma queda da pressão intrapleural, tornando-a mais negativa.

Essa diminuição da pressão intrapleural, promoverá um encontro entre a pleura visceral com a parietal a partir do deslizamento de uma sobre a outra, ocasionando a expansão alveolar, tendo como consequência a queda da pressão intra-alveolar. Quando termina a fase expiratória e inicia-se a inspiração, nesse momento a pressão intra-alveolar torna-se igual à atmosférica.

Como as vias aéreas estão em contato com o meio ambiente e sem obstruções, não existe fluxo nesse momento, contudo, durante a inspiração e com a diminuição da pressão intra-alveolar, cria-se uma diferença de pressão entre o interior dos alvéolos e o meio ambiente, resultando em um fluxo de ar inspiratório.

Esse processo se mantém até que haja uma diferença de pressões, ou seja, à medida que o volume de ar penetra nos pulmões, a pressão novamente tende a elevar-se até chegar a zero, representando o final da inspiração.

Se a inspiração for aumentada (+ vigorosa) e ocorrer uma maior diminuição da pressão intrapleural, existirá uma tendência a uma maior expansão pulmonar, aumentando portanto, tanto o fluxo quanto o volume inspiratório.

RESISTÊNCIA DAS VIAS AÉREAS

A resistência das vias aéreas é exercida pela pressão desde o nariz e boca até que chegue aos bronquíolos respiratórios. A resistência cresce com o aumento do fluxo, e essa variação ocorre em virtude da transformação do fluxo laminar em turbulento.

A diferença de pressão no interior do tubo, dependerá da velocidade e do padrão do fluxo:

- Baixos fluxos: correntes paralelas aos lados dos tubos, o que é chamado de fluxo laminar.
- Aumento de fluxo: instabilidade ao longo do tubo, principalmente em ramificações e com a formação de turbilhonamentos, comumente chamado de fluxo turbulento.

Na cavidade nasal encontra-se 50% da resistência total das vias aéreas e de 10% a 20% é atribuída às vias com diâmetro menor que 2 mm.

A queda de pressão ao longo da vias aéreas e o principal local de aumento de resistência, encontra-se nos brônquios de calibre médio, até a sétima geração de ramificações e, com isso, 90% da resistência das vias aéreas está localizada nos condutos de maior calibre e somente 10% nas vias de menor calibre.

A contração da musculatura lisa brônquica é um fator determinante para a resistência das vias aéreas. Isso ocorre de maneira reflexa, através da estimulação dos receptores na traqueia e brônquios de maior diâmetro, por irritabilidade, por meio da inervação motora exercida pelo vago (sistema nervoso autônomo). Se a estimulação for pelo sistema parassimpático, ocorrerá broncoconstrição e pelo simpático, broncodilatação.

Durante a inspiração, a resistência da vias aéreas tende a diminuir-se, na expiração, porém, apresenta uma redução do fluxo com uma tendência em aumentar essa resistência.

Na expiração forçada, as pressões intrapleural e alveolar, tendem a aumentar por causa da queda de pressão ao longo das vias aéreas, ocasionando colapso e seu fechamento. Esse fato tem um papel importante no programa terapêutico aplicado em piscina, porque os pacientes asmáticos precisam de tempo para expirar e tudo que se fizer a fim de tornar a expiração mais rápida, tenderá a aumentar a resistência das vias aéreas ao fluxo expiratório.

3
MÉTODOS DE AVALIAÇÃO E REAVALIAÇÃO RESPIRATÓRIA

Os programas de avaliação respiratória analisam as forças elásticas toracopulmonares, musculares respiratórias e não elásticas. A avaliação das forças elásticas normalmente é realizada em centros de pesquisa e consiste em medir a complacência estática do pulmão e da caixa torácica.

Em clínicas, hospitais e programas de atividade física, porém, podem ser realizadas medições como: capacidade vital, VEM1s., *peak flow* e a perimetria dinâmica torácica, ou seja, condutas mais simples.

As forças não elásticas também são analisadas em centros de pesquisa que têm como objetivo avaliar a resistência das vias aéreas, volume de oclusão, complacência dinâmica, volume de isofluxo ou curvas de pressão-volume.

O volume expiratório máximo no primeiro segundo, a capacidade vital, o pico de fluxo expiratório e a ventilação voluntária máxima, são alguns dos parâmetros avaliados nas chamadas provas funcionais ventilatórias ou espirometria.

A medição do pico de fluxo expiratório (PFE) pode ser feita isoladamente, sendo um grande recurso utilizado no controle da asma.

Os testes para análise das forças musculares respiratórias podem ser realizados também em centros de pesquisa, através da eletromiografia e medição da pressão transdiafragmática e nos hospitais através da fluoroscopia.

Contudo, a avaliação mais utilizada de rotina, seja em centros de reabilitação respiratória e programas de atividades físicas para os pneumopatas, é a espirometria. É sobre ela que estaremos reportando alguns conceitos básicos.

ESPIROMETRIA

Figura 3.1 – Testes Realizados na Piscina. *Peak Flow Meter* (medição do pico de fluxo) e Pico 1 (medicação do pico de fluxo e do volume expiratório no 1° segundo).

Definição

A espirometria é a medida de ar que entra e sai dos pulmões e serve para avaliar a função ventilatória. Sua indicação é ampla e inclui:

- quantificação e identificação de doença pulmonar;
- diagnóstico e detecção precoce de doença pulmonar obstrutiva crônica (DPOC);
- investigação em pacientes com dispneia;
- avaliação de incapacidade ao trabalho;
- avaliar o risco em procedimentos cirúrgicos (pré-operatório);
- avaliação nos centros esportivos para qualquer atividade física (treinamento esportivo-atletas e controle da função ventilatória

em programas de reabilitação pulmonar, incluindo a natação terapêutica).

A espirometria faz parte da área médica (pneumologia) e a análise e conclusão dos parâmetros apresentados nos testes, são de responsabilidade exclusiva do médico pneumologista.

Para a realização dos testes, um técnico devidamente treinado deverá direcionar os procedimentos espirométricos. O teste requer um esforço respiratório, necessitando de instruções cuidadosas e uma boa cooperação do indivíduo que realizará a prova. Para a realização de manobras aceitáveis é necessário que se tenha motivação e capacidade de entendimento. Sua indicação se dá a partir dos 5 anos de idade, e pessoas com limitações físicas não são impedidas de realizar os testes, mas deve ser levado em consideração, na interpretação dos parâmetros obtidos. Os critérios quanto aos resultados da espirometria devem obedecer alguns aspectos: número de testes realizados, aceitabilidade e, sobretudo, reprodutividade.

O número de testes realizados deverá constar de no mínimo três manobras e se o indivíduo após 08 tentativas não conseguir realizar a prova, a mesma deverá ser interrompida.

A aceitabilidade está relacionada com a iniciação adequada do teste, ou seja, não hesitar na realização, não apresentar tosse, principalmente no primeiro segundo da manobra e não apresentar término precoce do processo expiratório.

A reprodutividade está relacionada com as duas maiores curvas CVF (capacidade vital forçada) e o VEF1 (volume expiratório forçado no primeiro segundo), com manobras aceitáveis com variação menor que 200 ml.

A espirometria é repetida após a utilização de um broncodilatador, no sentido de avaliar a reversibilidade dos parâmetros obtidos.

A realização do teste inicia-se com uma inspiração máxima e a seguir o indivíduo insere o bocal e assopra lentamente (CVL) capacidade vital lenta ou rapidamente (CVF) capacidade vital forçada, até o final da expiração.

Dentre os parâmetros resultantes da prova, citamos: capacidade vital lenta, capacidade vital forçada, volume expiratório máximo no primeiro segundo, relação entre VEF1/CVF, FEF 25% - 75% (fluxo expiratório forçado), FEF máx (fluxo expiratório forçado), FEF 50% e 75% e VVM (volume ventilação máxima).

PEAK FLOW METERS

A medição do pico de fluxo é um grande elemento no tratamento e controle da asma.

O aparelho de medição do pico de fluxo é portátil de simples manuseio e mede a taxa de fluxo do pico expiratório, que, após uma inspiração máxima (CPT) capacidade pulmonar total, realiza-se um sopro forte e curto e após três manobras registra-se a melhor.

A medição do *peak flow*, serve para estimar o grau de comprometimento da doença, monitorar a resposta ao tratamento, diagnosticar asma induzida por exercícios e controlar as atividades físicas com a medição antes e após sua realização.

É recomendado sua utilização domiciliar a fim de monitorar os picos expiratórios, não substitui a espirometria, mas é de grande valia para o controle da medicações utilizadas (reposta ao tratamento). São requisitos importantes para sua realização em domicílio:

- crianças a partir dos 5 anos de idade;
- registrar o horário de realização do teste;
- procurar orientação médica com relação à queda de pico de fluxo.

O programa de medição do pico de fluxo semanalmente é denominado de *peak flow seriado*. O paciente deverá anotar em uma ficha, o dia, o horário e o melhor dos três testes realizados em uma semana. Repetir os procedimentos na segunda semana e anotar a média total e desvio em porcentagem, com relação ao previsto (conforme modelo a seguir)

PEAK FLOW SERIADO
1ª. SEMANA

Nome:_____data:_____

Peak flow previsto:_____ L/M

1° dia	Hora	1° sopro	2° sopro	3° sopro	Melhor obtido
Data	1°				
	2°.				
	3°				

2° dia	Hora	1° sopro	2° sopro	3° sopro	Melhor obtido
Data	1°				
	2°.				
	3°				

3° Dia	Hora	1° sopro	2° sopro	3° sopro	Melhor obtido
Data	1°				
	2°.				
	3°				

4° Dia	Hora	1° sopro	2° sopro	3° sopro	Melhor obtido
Data	1°				
	2°.				
	3°				

5° Dia	Hora	1° sopro	2° sopro	3° sopro	Melhor obtido
Data	1°				
	2°.				
	3°				

6º. Dia	Hora	1º sopro	2º sopro	3º sopro	Melhor obtido
Data	1º				
	2º.				
	3º				

7º Dia	Hora	1º sopro	2º sopro	3º sopro	Melhor obtido
Data	1º				
	2º.				
	3º				

Média total/realizados: _____ L/M Desvio/previsto: _____%

Repetir o mesmo procedimento na segunda semana.

A medição do pico de fluxo é usada de rotina as sessões de natação terapêutica, conforme modelo a seguir.

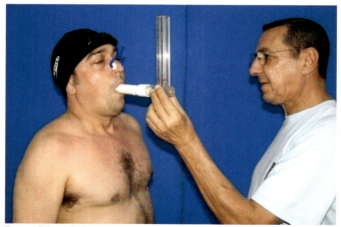

FIGURA 3.2 – Medição do *peak flow* (adulto) fora d'água.

Métodos de avaliação e reavaliação respiratória 51

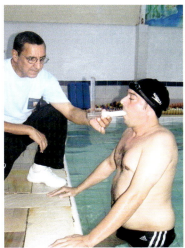
FIGURA 3.3 – Medição do *peak flow* (adulto) borda da piscina.

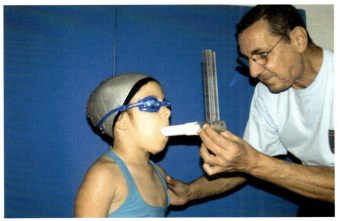
FIGURA 3.4 – Medição do *peak flow* (criança) fora d'água.

52 Natação terapêutica para asmáticos

Figura 3.5 – Medição do *peak flow* (criança) borda da piscina.

FICHA DE CONTROLE DO *PEAK FLOW*

Nome:		
Idade:		Estatura:
Atividade: natação terapêutica para asmáticos		
Peak Flow previsto : L/M		
Mês:		

Data:	*Peak flow* obtido	Observações

Melhor obtido: L/M
Percentual de melhora: %

Procedimentos importantes para a realização do teste

- utilizar grampos nasais;
- ao iniciar o teste, o indicador deverá estar na base da escala numerada
- o paciente deverá estar na posição em pé;
- colocar o bocal descartável e fechar completamente os lábios após inspiração máxima;
- não morder o bocal, obstruir com a língua e não tossir durante a realização do teste;
- soprar o mais forte que puder (fluxo instantâneo) no primeiro ou segundo segundos;
- repetir o teste mais duas vezes e marcar o melhor obtido;
- o medidor do pico expiratório deve ser de boa qualidade, sendo de 100 a 400 l/m para crianças e de 100 a 850 l/m para adultos (*assess peak flow meter*);
- um outro medidor do pico de fluxo é o piko I, que também mede o FEV1 (volume expiratório forçado no primeiro segundo).

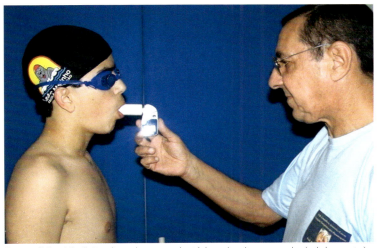

FIGURA 3.6 – Medição do volume expiratório primeiro segundo (adolescente).

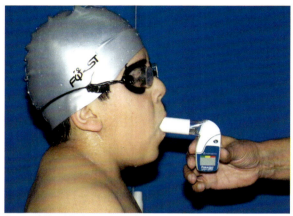
FIGURA 3.7 – Medição do volume expiratório primeiro segundo (criança).

FIGURA 3.8 – Medição do volume expiratório primeiro segundo (adulto).

PIKO I

Apesar de ser um aparelho portátil, é um pouco mais complexo que os demais medidores e a execução do teste se difere dos outros aparelhos medidores do pico de fluxo, porque, após uma inspiração máxima (CPT), realiza-se uma expiração forçada, semelhante a utilizada na espirometria.

Métodos de avaliação e reavaliação respiratória 55

PERIMETRIA DINÂMICA TORÁCICA

A cirtometria ou perimetria dinâmica torácica e abdominal é uma referência indireta da capacidade vital, que está relacionada com as forças elásticas toracopulmonares.

É realizada com uma fita métrica colocada ao redor do tórax (1/3 superior, médio e inferior) e abdominal, onde o paciente realiza uma inspiração máxima, seguida de uma expiração forçada.

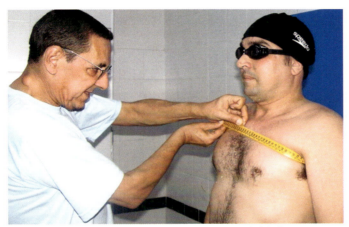

FIGURA 3.9 – Perimetria dinâmica superior torácica (adulto).

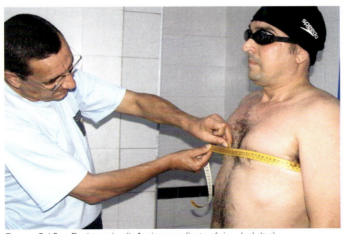

FIGURA 3.10 – Perimetria dinâmica media torácica (adulto).

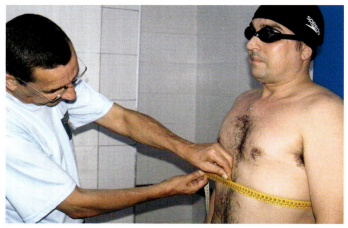

FIGURA 3.11 – Perimetria dinâmica inferior torácica (adulto).

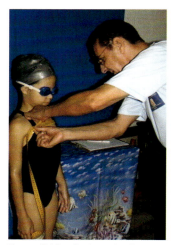

FIGURA 3.12 – Perimetria dinâmica superior torácica (criança).

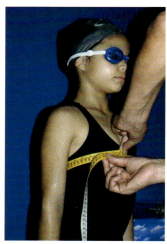

FIGURA 3.13 – Perimetria dinâmica média torácica (criança).

Métodos de avaliação e reavaliação respiratória 57

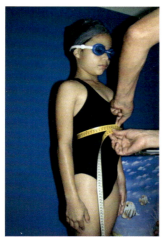

FIGURA 3.14 – Perimetria dinâmica inferior torácica (criança).

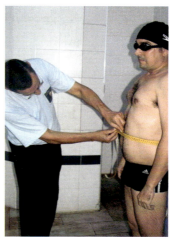

FIGURA 3.15 – Perimetria dinâmica abdominal (adulto).

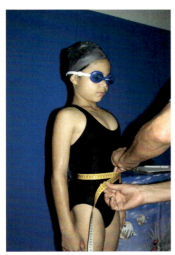

FIGURA 3.16 – Perimetria dinâmica abdominal (criança).

A diferença entre a fase inspiratória e a expiratória é chamada de coeficiente de amplitude, e os valores de normalidade em adultos é de 5 a 8 cm.

Outra investigação utilizada no paciente asmático é a avaliação postural, que tem como objetivo identificar alterações posturais associadas às respiratórias

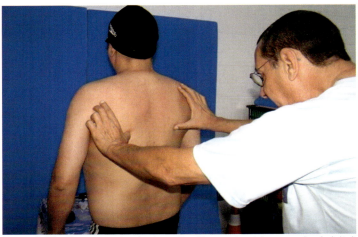

FIGURA 3.17 – Exame postural – investigação – assimetria escapular (adulto).

FIGURA 3.18 – Exame postural investigação – gibosidade (adulto).

A inspeção dinâmica torácica também é realizada, a fim de identificar a presença de alterações torácicas (*pectus excavatum*, *pectus carinatum*, depressão costal e outras).

Métodos de avaliação e reavaliação respiratória   **59**

MODELO DE FICHA DE AVALIAÇÃO

Nome:		
Idade:	Peso:	Estatura:
Endereço:		
Telefone:	*E-mail:*	
Atividade:		
Prescrição médica:		
Diagnóstico:		
Peak flow obtido: *L/M*		
Peak flow previsto: *L/M*		
Desvio: %		
Data:		
Resumo espirométrico		
CVF obtida (ml):	CVF prevista (ml):	
VEF1 obtido (ml):	VEF1 previsto (ml):	
VEF1/CVF obtido %:	VEF1/CVF previsto%:	
FEF max obtido(L/S):	FEF máx previsto (L/S):	
Diagnóstico:	Data:	

Perimetria dinâmica torácica

I I			
P.S.T. R:	C.A:	P.M.T.R:	C.A:
E E I			
P.I.T.R:	C.A:		
E I			
P.ABD.DIAFR. R:	C.A:		
E			

P.S.T.: perímetro superior torácico (1/3 superior)
P.M.T.: perímetro médio torácico (1/3 médio)
P.I.T.: perímetro inferior torácico (1/3 inferior)
P.ABD.DIAFR.: perímetro abdominal diafragmático
C.A: coeficiente de amplitude
I: inspiração máxima
R: repouso
E: expiração forçada

60 Natação terapêutica para asmáticos

Histórico patológico:

Medicação em uso:

Contínuo:	Somente em crise:
Internação hospitalar: sim:	não: número de vezes:

Avaliação postural

Ombros protraídos:	Assimetria dos ombros:
Assimetria escapular:	
Escoliose:	
Gibosidade:	
Cifose:	
Hiperlordose:	
Pés :	Joelhos:

Observações:

Prescrição de exercícios:

Assinatura – profissional responsável – número CREF.

4

PROGRAMA DE APLICAÇÃO AQUÁTICO

INTRODUÇÃO

A natação é tida como a atividade física mais indicada aos indivíduos acometidos de asma, e acredito que uma das razões mais prováveis com relação à sua indicação seja a baixa asmogenicidade (grau de BIE – broncoconstrição induzida pelo exercício) comparada com outras atividades físicas.

Em 1971, Fich e Morton demonstraram que a natação induz uma redução do FEV1 menor que no desenvolvimento do ciclismo e da corrida.

As referências à natação como atividade física capaz de melhorar a tolerância para com o exercício (treinamento aeróbio), bem como a capacidade de pacientes asmáticos treinados atingirem níveis competitivos (atletas), não melhora a função respiratória, fato identificado nas provas de função pulmonar.

Não podemos ter como referência de trabalho com as atividades físicas, atletas olímpicos asmáticos, uma vez que o percentual destes é muito baixo em relação aos demais asmáticos. Qual é o percentual de asmáticos que conseguem atingir esse nível de treinamento?

A nossa grande preocupação são os asmáticos de grau moderado e grave, com relação a morbidade e mortalidade. Programas educativos e terapêuticos direcionados aos asmáticos de grau leve é um procedimento, sobretudo, preventivo, a fim de evitar o agravamento da doença, ou seja, evitar que o comprometimento de grau leve se torne moderado ou grave.

A natação terapêutica se difere da convencional por vários aspectos, visando ao atendimento do paciente, atendendo os conceitos fisiológicos, fisiopatológicos, psicológicos e nutricionais que o envolvem. Portanto, o programa de aplicação envolve não somente exercícios aquáticos, mas também orientações e acompanhamento de outros profissionais da saúde (equipe interdisciplinar).

Para garantir o grau de eficiência da atividade física desenvolvida pelo asmático, devemos realizar testes que comprovam as modificações da resistência das vias aéreas (medição do pico de fluxo), antes e após cada sessão de exercícios e periodicamente a realização da espirometria.

É comum depararmos com relatos de pais que, sob a orientação médica (indicação), têm a natação como a indicação mais importante com relação às atividades físicas destinadas aos indivíduos acometidos de asma. Há também relatos com referência às aulas de natação: "matriculei meu filho em uma escola de natação, contudo, começou a desenvolver crises durante a realização da atividade". Uma série de detalhes estão relacionados com o acontecimento:

- As escolas de natação estão preparadas para receber pacientes asmáticos?
- Os professores de natação estão qualificados para atender esses pacientes?
- Os cursos de graduação em Educação Física preparam profissionais para atuarem nessa área?

A broncoconstrição induzida pelo exercício e o padrão respiratório inadequado são fatores importantes para o insucesso de um programa de natação para asmáticos. Além de considerarmos os fatores térmicos, tanto do ambiente quanto da água da piscina e seu tratamento (ver adiante tópico específico).

Sabemos que o ar frio é um componente importante para a broncoconstrição, pois ocorre a perda de calor na mucosa brônquica e a liberação de mediadores químicos.

MECANISMO RESPIRATÓRIO DURANTE O EXERCÍCIO

FIGURA 4.1 – Deslocamento ventral com expiração oral.

FIGURA 4.2 – Salto: mergulho com expiração oral.

A atividade física nas doenças respiratórias está limitada principalmente pela mecânica respiratória, na qual o volume de ventilação máxima pode igualar-se à capacidade do paciente de respirar em sua capacidade máxima, para atender as necessidades capazes em atingir seus limites ventilatórios. Em cargas elevadas de trabalho, a fadiga dos músculos ventilatórios é um elemento importante para que ocorra a sua limitação.

No treinamento aeróbio é importante que sua realização seja aplicada de forma progressiva para que, paralelamente, ocorra uma adaptação dos músculos ventilatórios ao esforço desenvolvido (aumento da capacidade aeróbia).

Quando as necessidades ventilatórias são muito elevadas, o mecanismo respiratório tende a aumentar-se, significando muitas vezes que o consumo de oxigênio necessário para a musculatura respiratória, represente a maior fração de consumo para o organismo.

Existe uma variação da ventilação durante o exercício que pode ser imediata, ou seja, aumentada antes de iniciar a atividade em virtude estimulação do córtex cerebral, ou logo após seu início, que provavelmente está relacionado com a estimulação nervosa com origem nos receptores articulares.

Após essa rápida elevação da ventilação durante o exercício físico, o mecanismo tende a diminuir até atingir um estado de equilíbrio (*steady state*).

Para a realização de atividades de intensidade máxima, a ventilação continuará a aumentar até que cesse o esforço desenvolvido e, após a interrupção, ocorrerá uma queda na ventilação e, concomitantemente, na estimulação nervosa, oriunda dos músculos e articulações.

Outro fator de grande importância na atividade física é a resistência das vias aéreas, que certamente interferirá na ventilação pulmonar. A resistência das vias aéreas possui uma relação direta com o fluxo expiratório e, quanto maior o fluxo, maior será a resistência oferecida (expiração forçada). Portanto, o fluxo expiratório deverá ser o mais laminar possível, isto é, aquele que segue paralelo às paredes do tubo, de forma constante e suave, fato importantíssimo na aplicação de exercícios respiratórios.

A variação do fluxo se deve à transformação de laminar em turbulento, desenvolvendo instabilidade em seu percurso e contribuindo para a formação de redemoinhos.

Para a aplicação de exercícios respiratórios aquáticos, levamos em consideração todos os aspectos mencionados, seja visando à reexpansão tóracopulmonar, nos processos restritivos, bem como na ventilação pulmonar, nos processos obstrutivos ou na combinação deles.

OBJETIVOS DO PROGRAMA DE NATAÇÃO TERAPÊUTICA

- Reeducar a função respiratória, principalmente a utilização adequada da respiração diafragmática e melhora da sua cinética.
- Melhorar da mecânica respiratória por meio da aplicação de exercícios de ventilação e reexpansão toracopulmonar.
- Melhorar a postura e encurtamentos musculares pelos estilos da natação adaptados ao programa de aplicação.
- Contribuir para o controle nas crises de dispneia, seja de origem fisiopatológica ou psicológica.

PROCEDIMENTOS INICIAIS PARA O ATENDIMENTO

- Prescrição médica: trabalhar sempre com indicação médica, constando o diagnóstico clínico e algumas observações, se necessário, com relação a cardiopatia, hipertensão etc.
- A indicação espirométrica e os resultados obtidos são importantes para a análise do programa aquático a ser desenvolvido, conforme modelo de indicação e alta do programa no final deste capítulo.
- Após análise espirométrica, o profissional de educação física especializado, deverá elaborar o programa aplicativo (prescrição de exercícios), de acordo com grau de comprometimento de cada paciente.
- Deverá avaliar também o paciente, de acordo com a ficha individual de evolução da atividade (ver modelo capítulo III).
- Realizar relatórios periódicos e gráficos evolutivos dos parâmetros avaliados e conclusões técnicas.

- Encaminhamentos para orientações psicológicas e nutricionais, quando necessário.

PROGRAMA DE APLICAÇÃO

O programa de exercícios utilizados em piscina será de forma individual ou em grupo, dependendo do grau de comprometimento de cada um, principalmente se o paciente é acometido de asma grave.

A faixa etária inicial indicada para o programa é de 6 anos de idade, pois crianças menores não possuem um autodomínio corporal e respiratório, e dificilmente conseguem coordenar os movimentos de membros inferiores e superiores com a respiração da metodologia aplicada à natação adaptada.

Quando se trata de adulto com asma moderada ou grave, observar na prescrição médica, dados complementares com relação à presença de outras patologias associadas.

Para o controle da atividade aquática desenvolvida, é necessário que se tenha uma prescrição médica completa, para evitar possíveis transtornos eventuais, por falta de informação clínica.

A seguir, o relato de dois casos de pacientes adultos, sendo um asmático moderado e outro grave, que se encontram desenvolvendo a atividade em nosso programa e que apresentaram modificações clínicas, durante uma sessão de natação terapêutica.

A) Paciente: A.M.F., 55 anos, sexo feminino, asma grave.

Durante a realização de uma sessão de natação terapêutica, a paciente apresentava dispneia e tosse seca. Foi orientada a diminuir a intensidade de esforço e aumentar as pausas de recuperação do ritmo respiratório. No primeiro momento, a dispneia e a tosse me levou a crer, ser de origem de alguma broncoconstrição. Após tomar as medidas cabíveis na realização da atividade aquática, para o controle da referida dispneia, a paciente não apresentava melhora, portanto, a atividade foi suspensa. Após os procedimentos relatados, a paciente aferiu a pressão arterial e constatou que se encontrava elevada. Foi encaminhada ao cardiologista e constatou um comprometimento cardíaco, o qual suspendeu todas as suas atividades, inclusive do trabalho. Observação: a paciente corria o risco de desenvolver infarto durante a realização da atividade aquática e o professor de natação terapêutica não havia sido informado sobre a referida patologia associada. Encontra-se em repouso absoluto e aguarda reavaliação cardiológica.

Portanto, é de suma importância que o médico que prescreve a atividade física a ser aplicada relate também se o paciente apresenta outras patologias associadas e não somente o comprometimento patológico respiratório.

B) Paciente: P.R.C., 54 anos, sexo masculino, asma moderada.

O paciente, com prescrição médica para a atividade, apresentava-se teoricamente apto para desenvolver o programa aquático, sem queixas de dispneia e as pausas para a recuperação dos movimentos da respiração eram suficientes para o controle respiratório. Apresentava dificuldades de flutuabilidade em deslocamento dorsal em razão ao batimento dos membros inferiores não ser suficiente para o seu deslocamento. Foi orientado para aumentar a intensidade nos batimentos dos membros inferiores, numa tentativa de melhorar seu deslocamento dorsal e começou a relatar cefaleia. Em seguida, foi modificado seu programa de aplicação, passando para o deslocamento ventral com expiração oral e trabalho passivo dos membros inferiores. A cefaleia desapareceu, e me relatou que o sintoma apresentado refere-se a um quadro hipertensivo, que se repete quanto o esforço físico é aumentado. Desenvolve o programa há cinco meses, não repetiu o quadro mencionado e sua atividade aquática foi adaptada de acordo com as suas condições clínicas.

Mais uma vez, chamo a atenção, para que a prescrição médica possua informações importantes complementares, que deverão ser registradas na ficha de avaliação, no campo histórico patológico (ver ficha avaliação – Capítulo 3).

ESTRUTURA FÍSICA

PISCINA

Dimensões: para a realização do trabalho, não é necessário que a piscina possua dimensões muito amplas, como trabalhamos em média com cinco pacientes por sessão, 14 m de comprimento por 6 m de largura é o suficiente.

PROFUNDIDADE

A profundidade da piscina que realizamos nosso trabalho é de 1,5 m em toda a sua extensão. O trabalho pode ser realizado em piscina com dimensões maiores, como por exemplo, 25 m por 12,5 m, quando o número de praticantes ultrapassar dez pacientes, deverá existir um profissional para cada cinco indivíduos.

TEMPERATURA DA ÁGUA

Utilizamos piscina aquecida, em média 31 °C, coberta e com ventilação adequada. A temperatura da água influencia no relaxamento muscular e na dinâmica respiratória.

Piscinas ao ar livre e não aquecidas podem ser utilizadas nos meses quentes, contudo, a intensidade do esforço é maior, tornando-se um problema com relação à broncoconstrição induzida pelo exercício, principalmente nos indivíduos acometidos de asma moderada e grave.

Tratamento da água da piscina

Sou totalmente favorável à utilização de clorificadores salinos (tratamento da piscina com sal). Esse tipo de tratamento de piscinas é exclusivamente feito com base no sal de cozinha (cloreto de sódio), que permite a eliminação de problemas como: irritações e processos inflamatórios dos olhos, ouvidos, pele e vias respiratórias, comuns no tratamento de forma convencional. Esse processo (salinização) promove um teor de cloro adequado na água de forma contínua e estável, sem altos e baixos teores de cloro, resultando em uma eliminação mais eficaz de substâncias e microrganismos nocivos à saúde.

Os tratamentos à base do ozonizador agem na água somente em sua circulação, deixando a água da piscina desprotegida e, com isso, é necessário a adição de cloro como coadjuvante.

Observação: como o ozônio é tóxico, mesmo em pequenas concentrações, é importante a sua eliminação antes de a água de circulação retornar à piscina.

As piscinas tratadas com cloro da forma convencional têm um teor salino superior à faixa de operação normal requerida pelos clorificadores salinos. Podem provocar reações alérgicas nos indivíduos acometidos de asma e bronquite, principalmente se utilizado em piscinas fechadas e com ventilação local inadequada.

Programa de exercícios aquáticos

Fluxo expiratório

Os exercícios de deslocamento ventral com expiração oral prolongada são aplicados no início do programa, a fim de educar o paciente a inspirar pelo nariz e expirar pela boca.

Esse treinamento inicial é muito importante porque cria uma automatização dos movimentos respiratórios, que serão associados aos nados indicados.

FIGURA 4.3 – Preparação para a fase inspiratória (nasal) – deslocamento ventral.

FIGURA 4.4 – Preparação para a fase expiratória (oral) – deslocamento ventral.

O controle do fluxo está relacionado com os conceitos da fisiologia respiratória, e nas vias aéreas de maior calibre como a traqueia e os brônquios, o fluxo é chamado de turbilhonar, porque a velocidade da corrente aérea é alta, em razão de seu raio possuir maiores dimensões e a resistência oferecida ser menor.

A possibilidade de se produzir turbilhonamento está relacionada com número de Reynolds (Re).

Onde temos: $Re = \dfrac{P \times Ve \times D}{N}$

P= densidade do gás
Ve= velocidade do fluxo
D= diâmetro do tubo
N= viscosidade

O fluxo que se desliza através de camadas de ar ou lâminas, é chamado de fluxo laminar, que ocorre em baixas velocidades.

O estreitamento das vias aéreas, favorece o seu colapso durante a expiração forçada, pois a queda de pressão nas vias de condução estreitadas, diminui a pressão transmural (pressão no interior das vias aéreas menos a pressão ao seu redor), independente do local de estreitamento.

O aumento da pressão favorece o fluxo, contudo, nas vias aéreas a produção de uma maior pressão pelo aumento do esforço muscular, pode resultar em oclusão.

TEMPO DE EXPIRAÇÃO ORAL

Quando o paciente inicia o seu programa aquático, o tempo de expiração oral na água normalmente é curto, aproximadamente 3 segundos em média, isto devido, muitas vezes, à hiperinsuflação pulmonar, bem como à sensação de sufocação quando a face entra em contato com a água (nariz e boca submersos).

A medida em que ocorre o seu progresso técnico com relação à realização dos exercícios aquáticos, o tempo expiratório passa para 8 segundos em média e após atingir o seu platô, deverá mantê-lo ao longo do desenvolvimento da atividade.

Exercícios fundamentais de ventilação e reexpansão

O programa de Natação Terapêutica, além do trabalho de reeducação respiratória, contribui também para que a musculatura extraia oxigênio do sistema sanguíneo, transformando em energia e auxiliando para que as atividades do dia a dia se tornem mais produtivas, ou seja, menos desgastantes.

Sabemos que a diminuição de oxigênio no sangue (hipoxemia), leva a uma maior produção de glóbulos vermelhos e um maior esforço do coração para enviá-lo para o organismo.

Os exercícios respiratórios aquáticos tendem a contribuir para a diminuição das áreas de hipoventilação, menor gasto energético e utilização adequada do diafragma.

Trabalho diafragmático em deslocamento ventral

O deslocamento ventral com expiração oral, irá proporcionar uma melhor ventilação na região posterior torácica, uma vez que a ação gravitacional desloca as vísceras para baixo, aumentando o trabalho diafragmático.

Como a face anterior torácica se encontra em contato direto com a superfície aquática e impede uma ampla mobilização local, o resultante será um maior esvaziamento pulmonar, devido ao efeito de pressão hidrostática local.

Se ocorrer inspiração nasal, no mesmo posicionamento, a reexpansão local será favorecida.

Trabalho diafragmático em deslocamento dorsal

Figura 4.5 – Deslocamento em decúbito dorsal utilizando o controle diafragmático.

Figura 4.6 – Deslocamento ventral: fase expiratória com auxílio das mãos na região abdominal.

FIGURA 4.7 – Compressão manual – região 1/3 superior torácico (hemitórax direito) – fase expiratória – ventilação costal superior.

FIGURA 4.8 – Compressão manual no 1/3 médio torácico (hemitórax direito) – fase expiratória – ventilação costal latero medial.

FIGURA 4.9 – Efeito da pressão hidrostática (d'água) nas paredes laterais e posterior torácica – fase inspiratória.

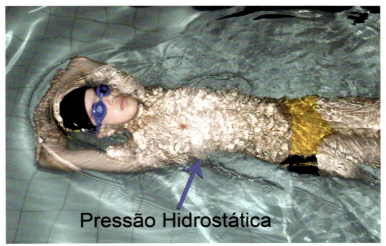

FIGURA 4.10 – Efeito da pressão da água em torno do tórax em deslocamento dorsal.

Com a utilização da atividade em deslocamento dorsal, a ventilação apical e basal tornam-se praticamente a mesma, entretanto, a ventilação na região inferior-posterior, excede as regiões superiores anteriores.

A ventilação basal é maior que a apical, uma vez que nessa região o pulmão possui um menor volume de repouso, quando comparado com os ápices, embora sua expansão seja menor (diferenças regionais ventilatórias).

Para que ocorra um bom estado funcional ventilatório, é fundamental o sincronismo entre a caixa torácica e o diafragma.

Na fase inspiratória o diafragma entra em contato com as vísceras e volta a se posicionar sob os pulmões na expiração e a esse processo denomina-se de interação tórax/abdômen.

EXERCÍCIOS COMPLEMENTARES – NADOS INDICADOS (CRAWL E COSTAS)

O mecanismo respiratório aplicado aos nados referidos, segue os conceitos da fisiologia respiratória já mencionados, visando a utilização da fase inspiratória nasal e a expiratória oral.

FIGURA 4.11 – Nado *crawl* – fase inspiratória (nasal).

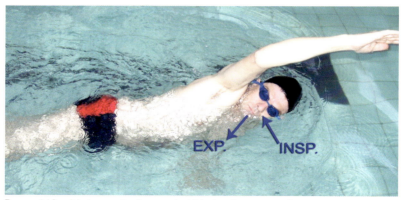

FIGURA 4.12 – Nado *crawl* – fase expiratória (oral) – rosto submerso.

No nado *crawl*, quando o paciente realiza uma semirrotação do tronco para o ato inspiratório nasal, o pulmão correspondente ao hemitórax que se encontra fora da água é favorecido com uma maior ventilação e que associado com a elevação do membro superior, resulta em uma maior abertura dos espaços intercostais.

A hemicúpula diafragmática que se encontra do lado oposto, sofre um maior fortalecimento, devido a ação da gravidade que projeta as vísceras em sua direção (efeito da pressão hidrostática).

Quando realizamos a inspiração nasal com rotação da cabeça para o lado direito, a região apical do lado oposto, receberá uma melhor ventilação (esquematização da árvore brônquica) e vice-versa.

Para a realização do nado costas, contamos com o mesmo mecanismo respiratório (inspiração nasal e expiração oral), onde existe uma coordenação (sincronismo) entre os movimentos dos membros inferiores e superiores com a respiração.

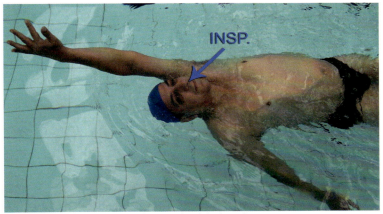

FIGURA 4.13 – Nado costas – fase inspiratória (nasal).

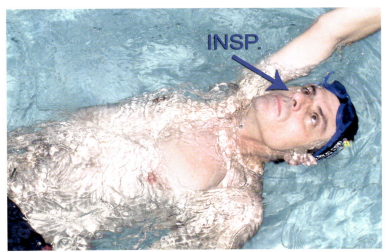

FIGURA 4.14 – Movimento de elevação do membro superior – fase inspiratória (nasal).

FIGURA 4.15 – Movimento de recuperação no membro superior, com retração abdominal – fase expiratória (oral).

O mecanismo respiratório durante a realização do nado costas, contamos com a participação da fase inspiratória nasal, durante a elevação do membro superior com insuflação abdominal e da fase expiratória, quando esse retorna à fase inicial, realizando uma retração abdominal.

Para uma melhor coordenação dos movimentos no nado costas, a diminuição da velocidade de deslocamento se faz necessária, o que irá acontecer automaticamente se a técnica de execução for adequada, favorecendo uma maior amplitude articular e alongamento muscular.

Observação: a inspiração nasal é importante porque o ar é umidificado e aquecido por pequenos vasos sanguíneos e pelos existentes na cavidade nasal que agem como verdadeiros filtros e com a ação bloqueadora de impurezas e corpos estranhos.

A trajetória do ar segue pela laringe e traqueia, revestidas por uma camada de mucosa, composta de cílios finíssimos, que têm como finalidade capturar e impedir que partículas estranhas possam chegar até os pulmões, onde são eliminadas pelo movimento ciliar ou pela tosse.

Quando realizamos a respiração pela boca, o ar não é aquecido e existem substâncias que possuem a capacidade de penetrar até o sistema respiratório de menor calibre, atingirem os alvéolos e ali se depositarem.

Com isso, ocorre um comprometimento da superfície de trocas gasosas (membrana respiratória), diminuindo a capacidade pulmonar, principalmente na presença de fumaças de cigarro e poluição atmosférica.

Com a aplicação de técnicas respiratórias, associadas aos nados indicados, estaremos proporcionando melhor distribuição da ventilação, maior eficiência da elasticidade pulmonar, desinsuflação e maior difusão alvéolo-capilar de forma gradativa.

Exercícios de recuperação do ritmo respiratório

O objetivo dos exercícios de recuperação do ritmo respiratório, é de evitar a broncoconstrição induzida pelo exercício, através do restabelecimento do padrão respiratório.

Figura 4.16 – Recuperação do ritmo respiratório em pé apoiado com retração abdominal (crianças).

82   Natação terapêutica para asmáticos

FIGURA 4.17 – Recuperação do ritmo respiratório – cabeça apoiada na borda da piscina com retração abdominal (crianças).

FIGURA 4.18 – Trabalho diafragmático em decúbito dorsal – fase expiratória (oral).

Programa de aplicação aquático 83

FIGURA 4.19 – Trabalho diafragmático em decúbito dorsal – fase inspiratória (nasal).

FIGURA 4.20 – Recuperação do ritmo respiratório em pé apoiado com retração abdominal (adultos).

FIGURA 4.21 – Trabalho diafragmático sem auxílio das mãos com retração abdominal (adulto).

As pausas são realizadas de acordo com as necessidades ventilatórias de cada paciente e quando ocorre o aumento da capacidade aeróbia, existe uma tendência de diminuir essas pausas de recuperação.

A técnica de execução é sempre inspiração nasal suave, seguida de expiração oral prolongada, com utilização do diafragma, até que se consiga atingir os padrões respiratórios de repouso.

Exercícios posturais associados

No programa de aplicação da Natação Terapêutica para Asmáticos, são utilizados exercícios posturais, visando a prevenção e sobretudo o agravamento das alterações posturais existentes.

Sabemos que as alterações na coluna vertebral, acarretam em modificações no mecanismo respiratório, contribuindo para o agravamento dos processos restritivos toracopulmonares e que a utilização dos nados *crawl* e costas, certamente estarão contribuindo para o fortalecimento da musculatura de suporte da coluna vertebral, utilizados com baixa intensidade de deslocamento e maior amplitude dos movimentos.

Programa de aplicação aquático 85

FIGURA 4.22 – Exercício postural para escoliose – em deslocamento dorsal.

FIGURA 4.23 – Exercício postural para ombros protraídos – em deslocamento dorsal.

FIGURA 4.24 – Exercícios posturais para cintura – escapular – em deslocamento dorsal.

FIGURA 4.25 – Exercício postural para cifose dorsal – fase inspiratória – em deslocamento dorsal.

FIGURA 4.26 – Exercício postural para cintura escapular – em deslocamento dorsal – mãos apoiadas em uma bola.

Programa de aplicação aquático 87

FIGURA 4.27 – Exercício postural para escoliose em deslocamento dorsal – membro superior apoiado em uma bola.

FIGURA 4.28 – Exercício postural para escoliose em deslocamento ventral-membro superior direito estendido.

FIGURA 4.29 – Exercício postural para hiperlordose em deslocamento ventral – fase expiratória – membros superiores estendidos e membros inferiores flexionados, com auxílio do professor.

FIGURA 4.30 – Exercício postural para hiperlordose – fase expiratória – membros superiores estendidos e inferiores flexionados com retração abdominal.

O sincronismo entre o tórax e abdômen é fundamental para que se obtenha uma boa respiração.

DEMONSTRATIVO DO RESUMO ESPIROMÉTRICO
NATAÇÃO TERAPÊUTICA PARA ASMÁTICOS

Paciente: C.L.S. – 10 anos – sexo masculino

Distúrbio ventilatório obstrutivo (G2)

Prova I	Teórico	L/M.N	Pré-BD atual	%T.	Pós-BD atual	%T.
C.V. (L)	2,45	2,45	2,14	88,8	4,71	75,1
C.V.F. (L)	1,84	1,84	1,67	75,5	2,00	75,1
VEF1 (L)	1,81	1,81	1,08	60,0	2,06	76,2
VEF1/CVF%	73,7	73,7	50,7	67,6	43,7	78,7
FEFmáx (L/S)	2,33	2,33	1,63	69,9	3,55	76,3

Data: 25/8/2006

Distúrbio ventilatório obstrutivo (G1)

Prova 2	Teórico	L/M.N	Pré-BD atual	%T.	Pós-BD atual	%T.
C.V. (L)	2,47	1,85	2,73	110,6	2,53	102,5
C.V. F. (L)	2,47	1,85	2,73	110.6	2,45	99,2
VEF1 (L)	2,16	1,69	2,14	99.0	1,99	92,1
VEF1/CVF%	88,8	75,5	78,2	88.1	81,2	91,4
FEFmáx (L/S)	4,75	2,03	4,64	97,6	4,49	94,5

Data: 12/1/2007

Obs: O paciente C.L.S. desenvolveu natação terapêutica durante seis meses.

Paciente: L.L.S.C.L. – 6 anos – sexo feminino

Distúrbio ventilatório restritivo (G4)

Prova 1	Teórico	L/M.N	Pré-BD atual	%T.	Pós-BD atual	%T.
C.V. (L)	1,71	1,25	0,50	29,2	0,63	36,6
C.V.F. (L)	1,71	1,25	0,50	29,2	0,63	36,6
VEF1 (L)	1,51	1,10	0,50	33,0	0,63	41,5
VEF1/CVF%	89,1	71,7	100,0	112,3	100,0	112,3
FEFmáx (L/S)	3,09	0,89	1,91	61,7	2,04	66,0

Data: 21/03/2007

Distúrbio ventilatório restritivo (G3)

Prova 2	Teórico	L/M.N	Pré-BD atual	%T.	Pós-BD atual	%T.
C.V. (L)	1,71	1,25	0,67	39,3	0,82	48,1
C.V.F. (L)	1,71	1,25	0,67	39,3	0,82	48,1
VEF1 (L)	1,51	1,10	0,67	44,5	0,82	54,5
VEF1/CVF%	89,7	72,2	100,0	111,5	100,0	111,5
FEFmáx (L/S)	3,25	1,05	2,03	62,4	2,49	6,5

Data: 18/9/2007

Obs: A paciente L.L.S.C.L. desenvolveu natação terapêutica por seis meses.

DEMONSTRATIVO DO PICO DE FLUXO E MÉDIA DE MELHORA – SESSÕES DE NATAÇÃO TERAPÊUTICA PARA ASMÁTICOS

AMM
(I) – IDADE: 12 ANOS – ESTATURA: 155 CM – PFT: 390/LM

Antes do exercício	Após o exercício	Melhora/lm (em números)	Melhora/lm (em %)	Data	Observações
400	410	10	2,5%	1/8/2006	
440	450	10	2,3%	3/8/2006	
430	450	20	4,7%	8/8/2006	
				10/8/2006	FALTOU
350	400	50	14,3%	15/8/2006	
430	450	20	4,7%	17/8/2006	
350	430	80	22,9%	22/8/2006	
220	450	230	104,5%	24/8/2006	
430	450	20	4,7%	29/8/2006	
				31/8/2006	FALTOU
420	450	30	7,1%	05/9/2006	
				12/9/2006	FALTOU
410	450	40	9,8%	14/9/2006	
400	410	10	2,5%	19/9/2006	
440	450	10	2,3%	21/9/2006	
460	460	0	0,0%	26/9/2006	
450	490	40	8,9%	28/9/2006	
450	470	20	4,4%	3/10/2006	
440	460	20	4,5%	5/10/2006	
				10/10/2006	FALTOU (licença)
				17/10/2006	FALTOU (licença)
				19/10/2006	FALTOU (licença)
450	460	10	2,2%	24/10/2006	
420	450	30	7,1%	26/10/2006	
450	470	20	4,4%	31/10/2006	
430	450	20	4,7%	7/11/2006	

Continua

Continuação

Antes do exercício	Após o exercício	Melhora/lm (em números)	Melhora/lm (em %)	Data	Observações
400	490	90	22,5%	9/11/2006	
450	490	40	8,9%	14/11/2006	
450	470	20	4,4%	16/11/2006	
420	470	50	11,9%	21/11/2006	
470	510	40	8,5%	23/11/2006	
500	510	10	2,0%	28/11/2006	
480	500	20	4,2%	30/11/2006	
423,70	459,26 510	35,56	8,4%		

CLS

(II) – IDADE: 10 ANOS – ESTATURA: 142 CM – PFT: 320/LM

Antes do exercício	Após o exercício	Melhora/lm (em números)	Melhora/lm (em %)	Data	Observações
340	380	40	11,8%	29/8/2006	
350	360	10	2,9%	31/8/2006	
280	300	20	7,1%	5/9/2006	EM CRISE
350	370	20	5,7%	12/9/2006	
400	410	10	2,5%	14/9/2006	
370	410	40	10,8%	19/9/2006	
390	410	20	5,1%	21/9/2006	
400	410	10	2,5%	26/9/2006	
350	440	90	25,7%	28/9/2006	
350	370	20	5,7%	3/10/2006	
380	390	10	2,6%	5/10/2006	
350	390	40	11,4%	10/10/2006	
310	330	20	6,5%	17/10/2006	
400	400	0	0,0%	19/10/2006	
350	360	10	2,9%	24/10/2006	
350	380	30	8,6%	26/10/2006	
400	410	10	2,5%	31/10/2006	
350	380	30	8,6%	7/11/2006	
350	400	50	14,3%	9/11/2006	
340	400	60	17,6%	14/11/2006	

Continua

92 Natação terapêutica para asmáticos

Continuação

Antes do exercício	Após o exercício	Melhora/lm (em números)	Melhora/lm (em %)	Data	Observações
350	410	60	17,1%	16/11/2006	
				21/11/2006	FALTOU
				23/11/2006	FALTOU
300	350	50	16,7%	28/11/2006	
300	340	40	13,3%	30/11/2006	
352,61	382,61	30,00	8,5%		
	440				

CFSVB
(III) – IDADE: 13 ANOS – ESTATURA: 154 CM – PFT: 390/LM

Antes do exercício	Após o exercício	Melhora/lm (em números)	Melhora/lm (em %)	Data	Observações
360	370	10	2,8%	1/8/2006	
360	400	40	11,1%	3/8/2006	
				8/8/2006	FALTOU (licença)
				10/8/2006	FALTOU (licença)
450	460	10	2,2%	15/8/2006	
400	440	40	10,0%	17/8/2006	
440	450	10	2,3%	22/8/2006	
				24/8/2006	FALTOU (licença)
430	460	30	7,0%	29/8/2006	
440	460	10	2,3%	31/8/2006	
440	450	10	2,3%	5/9/2006	
440	460	20	4,5%	12/9/2006	
430	440	10	2,3%	14/9/2006	
460	470	10	2,2%	19/9/2006	
450	460	10	2,2%	21/9/2006	
420	430	10	2,4%	26/9/2006	
400	440	40	10,0%	28/9/2006	
				3/10/2006	FALTOU (licença)

Continua

Continuação

Antes do exercício	Após o exercício	Melhora/lm (em números)	Melhora/lm (em %)	Data	Observações
				5/10/2006	FALTOU (licença)
				10/10/2006	FALTOU (licença)
400	440	40	10,0%	17/10/2006	
350	360	10	2,9%	19/10/2006	
				24/10/2006	FALTOU (licença)
				26/10/2006	FALTOU (licença)
400	420	20	5,0%	31/10/2006	
420	450	30	7,1%	7/11/2006	
350	430	80	22,9%	9/11/2006	
400	440	40	10,0%	14/11/2006	
400	450	50	12,5%	16/11/2006	
				21/11/2006	FALTOU
				23/11/2006	FALTOU
420	440	20	4,8%	28/11/2006	
420	450	30	7,1%	30/11/2006	
412,17	437,39	25,22	6,1%		
	470				

CHPS

(IV) – IDADE: 10 ANOS – ESTATURA: 144 CM – PFT: 340/LM

Antes do exercício	Após o exercício	Melhora/lm (Em números)	Melhora/lm (Em %)	Data	Observações
270	300	30	11,1%	1/8/2006	
280	300	20	7,1%	3/8/2006	
300	330	30	10,0%	8/8/2006	
310	360	40	12,0%	10/8/2006	
300	360	50	16,7%	15/8/2006	
320	350	30	9,4%	17/8/2006	
300	360	60	20,0%	22/8/2006	
300	330	30	10,0%	24/8/2006	
320	350	30	9,4%	29/8/2006	

Continua

94 Natação terapêutica para asmáticos

Continuação

Antes do exercício	Após o exercício	Melhora/lm (em números)	Melhora/lm (em %)	Data	Observações
320	340	20	6,3%	31/8/2006	
320	360	40	12,5%	5/9/2006	
310	340	30	9,7%	12/9/2006	
310	330	20	6,5%	14/9/2006	
				19/9/2006	FALTOU
260	290	30	11,5%	21/9/2006	
290	310	20	0,9%	26/9/2006	
330	360	30	9,1%	28/9/2006	
340	390	50	14,7%	3/10/2006	
340	390	50	14,7%	5/10/2006	
350	390	40	11,4%	10/10/2006	
350	360	10	2,9%	17/10/2006	
320	340	20	6,3%	19/10/2006	
330	360	30	9,1%	24/10/2006	
330	360	30	9,1%	26/10/2006	
330	360	30	9,1%	31/10/2006	
320	370	50	15,6%	7/11/2006	
				9/11/2006	FALTOU
300	350	50	16,7%	14/11/2006	
				16/11/2006	FALTOU
240	300	60	25,0%	21/11/2006	
250	260	10	4,0%	23/11/2006	EM CRISE
				28/11/2006	FALTOU
240	310	70	29,2%	30/11/2006	
306,21	341,03 390	34,03	11,4%		

FBA
(V) – IDADE: 11 ANOS – ESTATURA: 150,5 CM – PFT: 360/LM

Antes do exercício	Após o exercício	Melhora/lm (em números)	Melhora/lm (em %)	Data	Observações
350	360	10	2,9%	1/8/2006	
340	370	30	8,8%	3/8/2006	
340	350	10	2,9%	8/8/2006	

Continua

Programa de aplicação aquático 95

Continuação

Antes do exercício	Após o exercício	Melhora/lm (em números)	Melhora/lm (em %)	Data	Observações
320	340	20	6,3%	10/8/2006	
330	340	10	3,0%	15/8/2006	
330	350	20	6,1%	17/8/2006	
300	350	50	16,7%	22/8/2006	
340	400	60	17,6%	24/8/2006	
300	400	100	33,3%	29/8/2006	
320	380	60	18,8%	31/8/2006	
310	350	40	12,9%	5/9/2006	
290	340	50	17,2%	12/9/2006	
350	360	10	2,9%	14/9/2006	
300	350	50	16,7%	19/9/2006	
320	360	40	12,5%	21/9/2006	
350	360	10	2,9%	26/9/2006	
330	390	60	18,2%	28/9/2006	
340	400	60	17,6%	3/10/2006	
400	430	30	7,5%	5/10/2006	
300	420	120	40,0%	10/10/2006	
350	400	50	14,3%	17/10/2006	
350	350	0	0,0%	19/10/2006	
350	400	50	14,3%	24/10/2006	
320	350	30	9,4%	26/10/2006	
350	350	0	0,0%	31/10/2006	
330	380	50	15,2%	7/11/2006	
300	360	60	20,0%	9/11/2006	
330	390	60	18,2%	14/11/2006	
320	400	80	25,0%	16/11/2006	
250	350	100	40,0%	21/11/2006	
250	340	90	36,0%	23/11/2006	
300	370	70	23,3%	28/11/2006	
323,75	370,00	46,25	14,3%		
	430				

GRO

(VI) – IDADE: 8 ANOS – ESTATURA: 126,5 CM – PFT: 240/LM

Antes do exercício	Após o exercício	Melhora/lm (Em números)	Melhora/lm (Em %)	Data	Observações
260	260	0	0,0%	1/8/2006	
200	280	80	40,0%	3/8/2006	
250	300	50	20,0%	8/8/2006	
230	250	20	8,7%	10/8/2006	
240	260	20	8,3%	15/8/2006	
210	260	50	23,8%	17/8/2006	presença hipersecreção traqueobrôn-quica
				22/8/2006	FALTOU
200	250	50	25,0%	24/8/2006	
200	250	50	25,0%	29/8/2006	
160	210	50	31,3%	31/8/2006	
210	250	40	19,0%	5/9/2006	
180	250	70	38,9%	12/9/2006	presença hipersecreção traqueobrôn-quica
230	280	50	21,7%	14/9/2006	
				19/9/2006	FALTOU
250	300	50	20,0%	21/9/2006	
260	300	40	15,4%	26/9/2006	
250	300	50	20,0%	28/9/2006	
240	290	50	20,8%	3/10/2006	
240	290	50	20,8%	5/10/2006	
250	300	50	20,0%	10/10/2006	
260	290	30	11,5%	17/10/2006	
230	300	70	30,4%	19/10/2006	
				24/10/2006	FALTOU
250	280	30	12,0%	26/10/2006	
220	260	40	18,2%	31/10/2006	
220	290	70	31,8%	7/11/2006	

Continua

Continuação

Antes do exercício	Após o exercício	Melhora/lm (em números)	Melhora/lm (em %)	Data	Observações
				9/11/2006	FALTOU
230	300	70	30,4%	14/11/2006	
230	290	60	26,1%	16/11/2006	
				21/11/2006	FALTOU
250	270	20	8,0%	23/11/2006	
230	270	40	17,4%	28/11/2006	
240	270	30	12,5%	30/11/2006	
229,29	275,00	45,71	19,9%		
	300				

GMS

(VII) - IDADE: 7 ANOS – ESTATURA: 124,5 CM – PFT: 240/LM

Antes do exercício	Após o exercício	Melhora/lm (em números)	Melhora/lm (em %)	Data	Observações
				1/8/2006	FALTOU
120	140	20	16,7%	3/8/2006	presença hipersecreção traqueobrôn-quica
170	190	20	11,8%	8/8/2006	
200	230	30	15,0%	10/8/2006	
190	200	10	5,3%	15/8/2006	
200	220	20	10,0%	17/8/2006	
				22/8/2006	FALTOU
240	250	10	4,2%	24/8/2006	
				29/8/2006	FALTOU
200	220	20	10,0%	31/8/2006	
170	190	20	11,8%	5/9/2006	
210	240	30	14,3%	12/9/2006	
				14/9/2006	FALTOU
220	250	30	13,6%	19/9/2006	
210	260	50	23,8%	21/9/2006	
210	220	10	4,8%	26/9/2006	
				28/9/2006	

Continua

98 Natação terapêutica para asmáticos

Continuação

Antes do exercício	Após o exercício	Melhora/lm (em números)	Melhora/lm (em %)	Data	Observações
190	200	10	5,3%	3/10/2006	
200	240	40	20,0%	5/10/2006	
190	220	30	15,8%	10/10/2006	
				17/10/2006	FALTOU
190	240	50	26,3%	19/10/2006	
210	240	30	14,3%	24/10/2006	
250	280	30	12,0%	26/10/2006	
200	230	30	15,0%	31/10/2006	
200	250	50	25,0%	7/11/2006	
				9/11/2006	FALTOU
200	220	20	10,0%	14/11/2006	
				16/11/2006	FALTOU
230	250	20	8,7%	21/11/2006	
200	220	20	10,0%	23/11/2006	
200	230	30	15,0%	28/11/2006	
200,00	226,25	26,25	13,1%		
	280				

HMF

(VIII) – IDADE: 53 ANOS – ESTATURA: 168 CM – PFT: 620/LM

Antes do exercício	Após o exercício	Melhora/lm (em números)	Melhora/lm (em %)	Data	Observações
340	400	60	17,6%	1/8/2006	
420	470	50	11,9%	3/8/2006	
440	470	30	6,8%	8/8/2006	
430	450	20	4,7%	10/8/2006	
440	460	20	4,5%	15/8/2006	
400	440	40	10,0%	17/8/2006	FALTOU
350	470	120	34,3%	22/8/2006	
400	470	70	17,5%	24/8/2006	
360	460	100	27,8%	29/8/2006	
420	470	50	11,9%	31/8/2006	
370	410	40	10,8%	5/9/2006	
360	470	110	30,6%	12/9/2006	

Continua

Programa de aplicação aquático 99

Continuação

Antes do exercício	Após o exercício	Melhora/lm (em números)	Melhora/lm (em %)	Data	Observações
470	480	10	2,1%	14/9/2006	
350	430	80	22,9%	19/9/2006	
430	460	30	7,0%	21/9/2006	
				26/9/2006	FALTOU
400	460	60	15,0%	28/9/2006	
420	470	50	11,9%	3/10/2006	
450	470	20	4,4%	5/10/2006	
390	450	60	15,4%	10/10/2006	
420	440	20	4,8%	17/10/2006	
450	460	10	2,2%	19/10/2006	
470	480	10	2,1%	24/10/2006	
450	470	20	4,4%	26/10/2006	
460	500	40	8,7%	31/10/2006	
470	480	10	2,1%	7/11/2006	
480	500	20	4,2%	9/11/2006	
490	500	10	2,0%	14/11/2006	
390	400	10	2,6%	16/11/2006	
				21/11/2006	FALTOU
470	510	40	8,5%	23/11/2006	
500	520	20	4,0%	28/11/2006	
500	520	20	4,0%	30/11/2006	
425,48	465,81				
	520				

IDD

(IX) – IDADE: 6 ANOS – ESTATURA: 125 CM – PFT: 220/LM

Antes do exercício	Após o exercício	Melhora/lm (em números)	Melhora/lm (em %)	Data	Observações
190	200	10	5,3%	1/8/2006	
190	200	10	5,3%	3/8/2006	
200	220	20	10,0%	8/8/2006	
180	210	30	16,7%	10/8/2006	
170	200	30	17,6%	15/8/2006	

Continua

100 Natação terapêutica para asmáticos

Continuação

Antes do exercício	Após o exercício	Melhora/lm (em números)	Melhora/lm (em %)	Data	Observações
160	180	20	12,5%	17/8/2006	presença hipersecreção traqueobrôn-quica
150	200	50	33,3%	22/8/2006	
170	210	40	23,5%	24/8/2006	
170	220	50	29,4%	29/8/2006	
160	190	30	18,8%	31/8/2006	
170	190	20	11,8%	5/9/2006	
160	210	50	31,3%	12/9/2006	
190	210	20	10,5%	14/9/2006	
				19/9/2006	FALTOU
140	160	20	14,3%	21/9/2006	
160	190	30	18,8%	26/9/2006	
160	200	40	25,0%	28/9/2006	
				3/10/2006	FALTOU (licença)
				5/10/2006	FALTOU (licença)
				10/10/2006	FALTOU (licença)
130	150	20	15,4%	17/10/2006	
				19/10/2006	FALTOU
				24/10/2006	FALTOU
				26/10/2006	FALTOU
160	210	50	31,3%	31/10/2006	
160	220	60	37,5%	7/11/2006	
150	220	70	46,7%	9/11/2006	
140	170	30	21,4%	14/11/2006	
150	200	50	33,3%	16/11/2006	
150	180	30	20,0%	21/11/2006	
210	220	10	4,8%	23/11/2006	
190	220	30	15,8%	28/11/2006	
166,40	199,20	32,80	19,7%		
	220				

JVSS
(X) – IDADE: 6 ANOS – ESTATURA: 122 CM – PFT: 210/LM

Antes do exercício	Após o exercício	Melhora/lm (Em números)	Melhora/lm (Em %)	Data	Observações
210	260	50	23,8%	1/8/2006	
190	250	60	31,6%	3/8/2006	
190	220	30	15,8%	8/8/2006	
				10/8/2006	FALTOU
190	260	70	36,8%	15/8/2006	
				17/8/2006	FALTOU
250	260	10	4,0%	22/8/2006	
				24/8/2006	FALTOU
210	240	30	14,3%	29/8/2006	
220	250	30	13,6%	31/8/2006	
240	250	10	4,2%	5/9/2006	
				12/9/2006	FALTOU
				14/9/2006	FALTOU
160	240	80	50,0%	19/9/2006	
210	260	50	23,8%	21/9/2006	
210	240	30	14,3%	26/9/2006	
				28/9/2006	FALTOU
				3/10/2006	FALTOU
250	270	20	8,0%	5/10/2006	
				10/10/2006	FALTOU
240	260	20	8,3%	17/10/2006	
230	250	20	8,7%	19/10/2006	
250	270	20	8,0%	24/10/2006	
				26/10/2006	FALTOU
240	260	20	8,3%	31/10/2006	
220	260	40	18,2%	7/11/2006	
				9/11/2006	FALTOU
240	260	20	8,3%	14/11/2006	
220	270	50	22,7%	16/11/2006	
240	270	30	12,5%	21/11/2006	
240	270	30	12,5%	23/11/2006	
240	310	70	29,2%	28/11/2006	

Continua

102　Natação terapêutica para asmáticos

Continuação

Antes do exercício	Após o exercício	Melhora/lm (em números)	Melhora/lm (em %)	Data	Observações
250	290	40	16,0%	30/11/2006	
223,48	259,57	36,09	16,1%		
	310				

KPS
(XI) – IDADE: 22 ANOS – ESTATURA: 162 CM – PFT: 470/LM

Antes do exercício	Após o exercício	Melhora/lm (em números)	Melhora/lm (em %)	Data	Observações
400	450	50	12,5%	26/10/2006	
350	360	10	2,9%	31/10/2006	
400	560	60	15,0%	7/11/2006	
				9/11/2006	FALTOU
350	450	100	28,6%	14/11/2006	
350	400	50	14,3%	16/11/2006	
410	450	40	9,8%	21/11/2006	
				23/11/2006	FALTOU
500	530	30	6,0%	28/11/2006	
450	490	40	8,9%	30/11/2006	
401,25	448,75	47,50	11,8%		
	530				

KB
(XII) – IDADE: 5 ANOS – ESTATURA: 116 CM – PFT: 180/LM

Antes do exercício	Após o exercício	Melhora/lm (em números)	Melhora/lm (em %)	Data	Observações
130	15	20	15,4	1/8/2006	
				3/8/2006	FALTOU
				8/8/2006	FALTOU
170	190	20	11,8%	10/8/2006	
170	190	20	11,8%	15/8/2006	
150	170	20	13,3%	17/8/2006	
150	170	20	13,3%	22/8/2006	
190	210	20	10,5%	24/8/2006	

Continua

Programa de aplicação aquático 103

Continuação

Antes do exercício	Após o exercício	Melhora/lm (em números)	Melhora/lm (em %)	Data	Observações
190	200	10	5,3%	29/8/2006	
				31/8/2006	FALTOU
140	160	20	14,3%	5/9/2006	
150	200	50	33,3%	12/9/2006	presença hipersecreção traqueobrôn-quica
170	200	30	17,6%	14/9/2006	
				19/9/2006	FALTOU
				21/9/2006	FALTOU
140	170	30	21,4%	26/9/2006	
160	170	10	6,3%	28/9/2006	
150	160	10	6,7%	31/9/2006	
150	160	10	6,7%	5/10/2006	
150	170	20	13,3%	10/10/2006	
170	180	10	5,9%	17/10/2006	
160	170	10	6,3%	19/10/2006	
				24/10/2006	FALTOU
				26/10/2006	FALTOU
160	180	20	12,5%	31/10/2006	
150	170	20	13,3%	7/11/2006	
157,89	177,37 210	19,47	12,3%		

LAP

(XIII) – IDADE: 8 ANOS – ESTATURA: 139 CM – PFT: 310/LM

Antes do exercício	Após o exercício	Melhora/lm (em números)	Melhora/lm (em %)	Data	Observações
330	350	20	6,1%	1/8/2006	
300	340	40	13,3%	3/8/2006	
340	350	10	2,9%	8/8/2006	
330	340	10	3,0%	10/8/2006	
330	350	20	6,1%	15/8/2006	
340	360	20	5,9%	17/8/2006	

Continua

104   Natação terapêutica para asmáticos

Continuação

Antes do exercício	Após o exercício	Melhora/lm (em números)	Melhora/lm (em %)	Data	Observações
350	360	10	2,9%	22/8/2006	
				24/8/2006	FALTOU
340	360	20	5,9%	29/8/2006	
320	330	10	3,1%	31/8/2006	
330	340	10	3,0%	5/9/2006	
260	300	40	15,4%	12/9/2006	
310	330	20	6,5%	14/9/2006	
310	360	50	16,1%	19/9/2006	
320	330	10	3,1%	21/9/2006	
350	380	30	8,6%	26/9/2006	
340	390	50	14,7%	28/9/2006	
350	360	10	2,9%	3/10/2006	
300	360	60	20,0%	5/10/2006	
				10/10/2006	FALTOU
300	360	60	20,0%	17/10/2006	
310	350	40	12,9%	19/10/2006	
340	350	10	2,9%	24/10/2006	
350	360	10	2,9%	26/10/2006	
320	350	30	9,4%	31/10/2006	
330	350	20	6,1%	7/11/2006	
300	390	90	30,0%	9/11/2006	
				14/11/2006	FALTOU
320	350	30	9,4%	16/11/2006	
300	320	20	6,7%	21/11/2006	
300	360	60	20,0%	23/11/2006	
320	340	20	6,3%	28/11/2006	
340	370	30	8,8%	30/11/2006	
322,67	351,33	28,67	8,9%		
	390				

MA
(XIV) – IDADE: 12 ANOS – ESTATURA: 162,5 CM – PFT: 420/LM

Antes do exercício	Após o exercício	Melhora/lm (em números)	Melhora/lm (em %)	Data	Observações
				1/8/2006	FALTOU
400	450	50	12,5%	3/8/2006	
420	470	50	11,9%	1/8/1986	
450	460	10	2,2%	10/8/2006	
460	500	40	8,7%	15/8/2006	
500	510	10	2,0%	17/8/2006	
570	590	20	3,5%	22/8/2006	
				29/8/2006	FALTOU
				31/8/2006	FALTOU
350	470	120	34,3%	5/9/2006	
350	480	130	37,1%	12/9/2006	
				14/9/2006	FALTOU
400	460	60	15,0%	19/9/2006	
				21/9/2006	FALTOU
450	500	50	11,1%	26/9/2006	
480	490	10	2,1%	28/9/2006	
				3/10/2006	FALTOU
400	500	100	25,0%	5/10/2006	
450	500	50	11,1%	10/10/2006	
				17/10/2006	FALTOU
				19/10/2006	FALTOU
500	510	10	2,0%	24/10/2006	
450	520	70	15,6%	26/10/2006	
400	500	100	25,0%	7/11/2006	
430	500	70	16,3%	9/11/2006	
400	500	100	25,0%	14/11/2006	
410	500	90	22,0%	16/11/2006	
400	490	90	22,5%	21/11/2006	
				23/11/2006	FALTOU
400	500	100	25,0%	28/11/2006	
431,90	495,24	63,33	14,7%		
	590				

MAJC
(XV) – IDADE: 6 ANOS – ESTATURA: 112 CM – PFT: 160/LM

Antes do exercício	Após o exercício	Melhora/lm (em números)	Melhora/lm (em %)	Data	Observações
0	120	120		1/8/2006	
120	150	30	25,0%	3/8/2006	
140	170	30	21,4%	8/8/2006	
120	170	50	41,7%	10/8/2006	
130	160	30	23,1%	15/8/2006	
140	160	20	14,3%	17/8/2006	
				22/8/2006	FALTOU
130	150	20	15,4%	24/8/2006	
150	190	40	26,7%	29/8/2006	
150	170	20	13,3%	31/8/2006	
140	170	30	21,4%	5/9/2006	
				12/9/2006	FALTOU
150	160	10	6,7%	14/9/2006	
150	180	30	20,0%	19/9/2006	
				21/9/2006	FALTOU
150	170	20	13,3%	26/9/2006	
150	190	40	26,7%	28/9/2006	
150	170	20	13,3%	3/10/2006	
150	170	20	13,3%	5/10/2006	
				10/10/2006	FALTOU
170	180	10	5,9%	17/10/2006	
				19/10/2006	FALTOU
150	170	20	13,3%	24/10/2006	
160	170	10	6,3%	26/10/2006	
160	180	20	12,5%	31/10/2006	
				7/11/2006	FALTOU
150	170	20	13,3%	9/11/2006	
150	190	40	26,7%	14/11/2006	
150	190	40	26,7%	16/11/2006	
150	170	20	13,3%	21/11/2006	
150	180	30	20,0%	23/11/2006	

Continua

Continuação

Antes do exercício	Após o exercício	Melhora/lm (em números)	Melhora/lm (em %)	Data	Observações
				28/11/2006	FALTOU
140	200	60	42,9%	30/11/2006	
140,38	171,15	30,77	21,9%		
	200				

MP

(XVI) – IDADE: 12 ANOS – ESTATURA: 151,5 CM – PFT: 360/LM

Antes do exercício	Após o exercício	Melhora/lm (em números)	Melhora/lm (em %)	Data	Observações
				1/8/2006	FALTOU
				3/8/2006	FALTOU
330	340	10	3,0%	8/8/2006	
320	340	20	6,3%	10/8/2006	
330	350	20	6,1%	15/8/2006	
				17/8/2006	FALTOU
320	360	40	12,5%	22/8/2006	
290	310	20	6,9%	24/8/2006	
				29/8/2006	FALTOU
				31/8/2006	FALTOU
				5/9/2006	FALTOU
290	330	40	13,8%	12/9/2006	
300	360	60	20,0%	14/9/2006	
				19/9/2006	FALTOU
340	380	40	11,8%	21/9/2006	
				26/9/2006	FALTOU
350	360	10	2,9%	28/9/2006	
318,89	347,78	28,89	9,1%		
	380				

PVLC
(XVII) – IDADE: 12 ANOS – ESTATURA: 146 CM – PFT: 330/LM

Antes do exercício	Após o exercício	Melhora/lm (em números)	Melhora/lm (em %)	Data	Observações
270	320	50	18,5%	8/8/2006	
300	310	10	3,3%	10/8/2006	
				15/8/2006	FALTOU
				17/8/2006	FALTOU
250	280	30	12,0%	22/8/2006	presença hipersecreção traqueobrôn-quica
220	280	60	27,3%	24/8/2006	presença hipersecreção traqueobrôn-quica
				29/8/2006	FALTOU
170	300	130	76,5%	31/8/2006	presença hipersecreção traqueobrôn-quica
300	320	20	6,7%	5/9/2006	
300	320	20	6,7%	12/9/2006	
270	310	40	14,8%	14/9/2006	
260	300	40	15,4%	15/9/2006	
300	320	20	6,7%	21/9/2006	
300	310	10	3,3%	26/9/2006	
270	290	20	7,4%	28/9/2006	
270	300	30	11,1%	3/10/2006	
300	320	20	6,7%	5/10/2006	
290	310	20	6,9%	10/10/2006	
320	330	10	3,1%	17/10/2006	
290	300	10	3,4%	19/10/2006	
300	310	10	3,3%	24/10/2006	
250	270	20	8,0%	26/10/2006	
320	330	10	3,1%	31/10/2006	
250	300	50	20,0%	7/11/2006	

Continua

Programa de aplicação aquático 109

Continuação

Antes do exercício	Após o exercício	Melhora/lm (em números)	Melhora/lm (em %)	Data	Observações
250	300	50	20,0%	9/11/2006	
				14/11/2006	FALTOU
280	320	40	14,3%	16/11/2006	
270	290	20	7,4%	21/11/2006	
				23/11/2006	FALTOU
290	320	30	10,3%	28/11/2006	
270	310	40	14,8%	30/11/2006	
275,38	306,54 330	31,15	11,3		

RSB

(XVIII) – IDADE: 7 ANOS – ESTATURA: 132 CM – PFT: 270/LM

Antes do exercício	Após o exercício	Melhora/lm (em números)	Melhora/lm (em %)	Data	Observações
230	240	10	4,3%	1/8/2006	
230	250	20	8,7%	3/8/2006	
				8/8/2006	FALTOU
200	240	40	20,0%	10/8/2006	
170	200	30	17,6%	15/8/2006	presença hipersecreção traqueobrôn- quica
170	210	40	23,5%	17/8/2006	
180	250	70	38,9%	22/8/2006	
250	270	20	8,0%	24/8/2006	
250	260	10	4,0%	29/8/2006	
				31/8/2006	FALTOU
200	250	50	25,0%	5/9/2006	
200	250	50	25,0%	12/9/2006	
250	280	30	12,0%	14/9/2006	
				19/9/2006	FALTOU
				21/9/2006	FALTOU
220	250	30	13,6%	26/9/2006	
250	260	10	4,0%	28/9/2006	
230	280	50	21,7%	3/10/2006	

Continua

Continuação

Antes do exercício	Após o exercício	Melhora/lm (em números)	Melhora/lm (em %)	Data	Observações
240	280	40	16,7%	5/10/2006	
250	260	10	4,0%	10/10/2006	
260	270	10	3,8%	17/10/2006	
210	260	50	23,8%	19/10/2006	
				24/10/2006	FALTOU
				26/10/2006	FALTOU
230	260	30	13,0%	31/10/2006	
220	270	50	22,7%	7/11/2006	
222,00	254,50	32,50	14,6%		
	280				

TCSA

(XIX) – IDADE: 8 ANOS – ESTATURA: 118,5 CM – PFT: 200/LM

Antes do exercício	Após o exercício	Melhora/lm (em números)	Melhora/lm (em %)	Data	Observações
170	180	10	5,9%	1/8/2006	
170	220	50	29,4%	3/8/2006	
				8/8/2006	FALTOU
				10/8/2006	FALTOU
180	200	20	11,1%	15/8/2006	
190	200	10	5,3%	17/8/2006	
200	200	0	0,0%	22/8/2006	
190	210	20	10,5%	24/8/2006	
190	210	20	10,5%	29/8/2006	
				31/8/2006	FALTOU
180	210	30	16,7%	5/9/2006	
190	210	20	10,5%	12/9/2006	
190	200	10	5,3%	14/9/2006	
210	220	10	4,8%	19/9/2006	
190	220	30	15,8%	21/9/2006	
190	220	30	15,8%	26/9/2006	
200	220	20	10,0%	28/9/2006	
200	210	10	5,0%	3/10/2006	
170	210	40	23,5%	5/10/2006	

Continua

Programa de aplicação aquático   111

Continuação

Antes do exercício	Após o exercício	Melhora/lm (em números)	Melhora/lm (em %)	Data	Observações
				10/10/2006	FALTOU
210	220	10	4,8%	17/10/2006	
210	230	20	9,5%	19/10/2006	
210	250	40	19,0%	24/10/2006	
200	250	50	25,0%	26/10/2006	
210	250	40	19,0%	31/10/2006	
200	220	20	10,0%	7/11/2006	
200	240	40	20,0%	9/11/2006	
				14/11/2006	FALTOU
				16/11/2006	FALTOU
200	230	30	15,0%	21/11/2006	
				23/11/2006	FALTOU
200	230	30	15,0%	28/11/2006	
210	230	20	9,5%	30/11/2006	
194,62	218,85	24,23	12,5%		
	250				

TFSC
(XX) – IDADE: 6 ANOS – ESTATURA: 118,5 CM – PFT: 200/LM

Antes do exercício	Após o exercício	Melhora/lm (em números)	Melhora/lm (em %)	Data	Observações
160	220	60	37,5%	1/8/2006	
160	180	20	12,5%	3/8/2006	
180	220	40	22,2%	8/8/2006	
160	210	50	31,3%	10/8/2006	
				15/8/2006	FALTOU
190	200	10	5,3%	17/8/2006	
220	230	10	4,5%	22/8/2006	
230	260	30	13,0%	24/8/2006	
210	230	20	9,5%	29/8/2006	
210	240	30	14,3%	31/8/2006	
230	260	30	13,0%	5/9/2006	
240	260	20	8,3%	12/9/2006	
230	250	20	8,7%	14/9/2006	

Continua

112 Natação terapêutica para asmáticos

Continuação

Antes do exercício	Após o exercício	Melhora/lm (em números)	Melhora/lm (em %)	Data	Observações
250	260	10	4,0%	19/9/2006	
240	250	10	4,2%	21/9/2006	
240	250	10	4,2%	26/9/2006	
240	300	60	25,0%	28/9/2006	
220	250	30	13,6%	3/10/2006	
250	260	10	4,0%	5/10/2006	
240	260	20	8,3	10/10/2006	
260	270	10	3,8	17/10/2006	
230	240	10	4,3	19/10/2006	
250	250	0	0,0	24/10/2006	
210	250	40	19.0	29/10/2006	
200	240	40	20,0	31/10/2006	
220	250	30	13,6	7/10/2006	
150	210	60	40,0	9/10/2006	
200	250	50	25,0	14/10/2006	
220	250	30	13,6	16/10/2006	
200	250	50	25,0	21/10/2006	
200	220	20	10,0	23/10/2006	
200	260	60	30,0	28/10/2006	
220	250	30	13,6	30/10/2006	
214,38	243,13	28,75	13,4%		
	300				

APÊNDICE

PROGRAMA DE EDUCAÇÃO E ATUAÇÃO EM ASMA

NATAÇÃO TERAPÊUTICA

O programa de Natação Terapêutica para Asmáticos vem sendo utilizado por muitos anos em escolas de natação e obteve resultados bastante satisfatórios. Existem vários programas em educação em asma, nos municípios, associações, estabelecimentos de ensino e em algumas instituições médicas. Contudo, a maioria oferece, em termos de atividade física, somente orientações teóricas. É notório que um programa de educação em asma deva ser abrangente em todos os aspectos que o envolvem.

Uma equipe interdisciplinar se faz necessária para que as condutas profissionais frente à terapia se tornem mais adequadas, com a somatória de atitudes, orientando e aplicando técnicas que irão auxiliar o indivíduo acometido de asma no seu dia a dia.

A Unimed de São José dos Campos, instituição médica, em 2004, elaborou o seu programa de educação e atuação em asma (pioneiro), com a inclusão de atividades físicas (Fisioterapia Respiratória e Natação Terapêutica), por meio de palestras educativas e condutas práticas. Para tal, foi elaborado um cronograma de desenvolvimento, dividido em módulos conforme modelo a seguir.

CRONOGRAMA DE DESENVOLVIMENTO

PROGRAMA UNIMED DE ATUAÇÃO EM ASMA

Módulo I – Programa Farmacológico (médico)

Módulo II – Programa de Fisioterapia Respiratória

Módulo III – Programa de Natação Terapêutica

Módulo IV – Programa Educativo Familiar Psicologia, Nutrição, Enfermagem, Visita Domiciliar

MODELO DA OPERACIONALIZAÇÃO DOS PROGRAMAS DE NATAÇÃO TERAPÊUTICA E FISIOTERAPIA RESPIRATÓRIA DO PROJETO ASMA – UNIMED-SJC

Para o desenvolvimento do projeto asma, foram estabelecidos os objetivos e metas a serem alcançadas:

OBJETIVOS

Traçar uma linha de condutas terapêuticas que venha beneficiar os indivíduos (40) acometidos de asma, grau moderado e grave, visando à diminuição das internações hospitalares e melhora clínica.

METAS

- prevenir as exacerbações agudas e as internações hospitalares;
- controlar os sintomas e principalmente preservar o período de sono;

- colaborar para as atividades diárias normais;
- contribuir para melhora da função pulmonar;
- evitar os efeitos adversos farmacológicos;
- prevenção da obstrução irreversível de vias aéreas;
- diminuir a morbidade e mortalidade.

Os módulos, Natação Terapêutica e Fisioterapia Respiratória, foram elaborados com a seguinte operacionalização:

Operacionalização do Programa

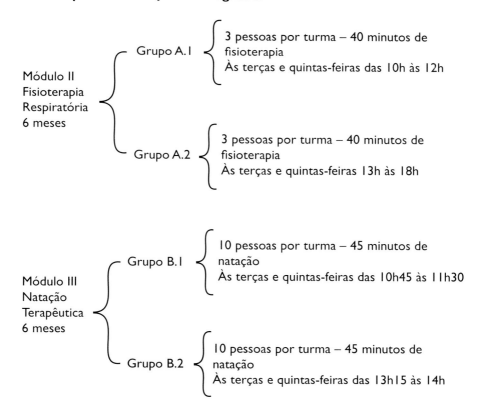

Módulo II
Fisioterapia
Respiratória
6 meses

Grupo A.1 — 3 pessoas por turma – 40 minutos de fisioterapia
Às terças e quintas-feiras das 10h às 12h

Grupo A.2 — 3 pessoas por turma – 40 minutos de fisioterapia
Às terças e quintas-feiras 13h às 18h

Módulo III
Natação
Terapêutica
6 meses

Grupo B.1 — 10 pessoas por turma – 45 minutos de natação
Às terças e quintas-feiras das 10h45 às 11h30

Grupo B.2 — 10 pessoas por turma – 45 minutos de natação
Às terças e quintas-feiras das 13h15 às 14h

MODELO DE PROCEDIMENTOS INICIAIS DO PROGRAMA DE EDUCAÇÃO E ATUAÇÃO EM ASMA

A duração do programa e de 12 meses, sendo dividida em dois grupos de seis meses cada. A seleção para o ingresso nos programas se fez por meio de sorteio e após uma avaliação prévia respiratória e postural.

CRONOGRAMA PARA O SORTEIO DOS PROGRAMAS DE NATAÇÃO TERAPÊUTICA E FISIOTERAPIA RESPIRATÓRIA, E DIAS E HORÁRIOS AGENDADOS PARA A REALIZAÇÃO DAS AVALIAÇÕES RESPIRATÓRIA E POSTURAL

- Duração do programa:
    - 12 meses: 6 meses de Fisioterapia e 6 meses de Natação Terapêutica.
- Seleção para os programas:
    - Sorteio.
- Avaliação respiratória e postural:
    - 26/10/2004 – terça-feira das 10h às 12h e 13h às 18h;
    - 27/10/2004 – quarta-feira das 10h às 12h e 13h às 18h;
    - atendimentos de 30 em 30 minutos (2 pessoas);
    - agende seu horário.

Para o ingresso no Programa de Educação e Atuação em Asma, alguns procedimentos iniciais são importantes:

Considerações gerais

- comprometer-se a cumprir fielmente o programa, evitando a evasão e faltas constantes às sessões;
- comparecer às reuniões periódicas (palestras informativas);
- as medicações utilizadas serão de acordo com a prescrição de seu médico;
- o sucesso de nosso projeto dependerá exclusivamente do *empenho e responsabilidade* dos profissionais e participantes.

MODELO PARA OS PROCEDIMENTOS INICIAIS DA AVALIAÇÃO E REAVALIAÇÃO DA FISIOTERAPIA RESPIRATÓRIA

O procedimento de atuação nos diversos módulos segue uma programação específica para cada profissional, conforme modelo a seguir.

Programa de fisioterapia respiratória

Avaliação e reavaliação fisioterápica respiratória

- anamnese;
- queixa principal (QP);
- ausculta;
- perimetria dinâmica torácica;
- pico de fluxo (*peak flow*);
- avaliação postural.

Objetivos do programa de fisioterapia respiratória no Projeto ASMA

Os objetivos a serem alcançados com a aplicação da fisioterapia respiratória, incluem:

Objetivos

- aliviar broncoespasmo;
- estimular o relaxamento e o aumento de controle da respiração;
- ajudar na remoção de secreções;
- melhorar o padrão da respiração;
- diminuir o número de internações;
- proporcionar melhor qualidade de vida.

PROGRAMA DE NUTRIÇÃO

As orientações nutricionais são de suma importância no auxílio e controle da asma. Para tal, foi elaborado um programa a ser aplicado e reavaliado, conforme modelo dos procedimentos iniciais:

1. encontro com o grupo para orientações sobre o programa;
2. entrega orientada de questionário de frequência alimentar (para avaliar qualidade geral da alimentação e presença de alimentos potencialmente desencadeantes de crises);
3. avaliação antropométrica – peso, estatura, circunferência do braço, cintura e quadril, dobra tricipital.

Na sequência, foi elaborado um modelo de atendimento e controle dos procedimentos iniciais.

Atendimento nutricional para asmáticos

1. direcionamento do plano alimentar conforme análise dos itens 1 e 2, seguindo diretrizes da pirâmide dos alimentos adaptada às faixas etárias;
2. solicitação de diário alimentar – análise;
3. verificação de medicações ingeridas para análise de possíveis interações farmaconutrientes;
4. acompanhamento quinzenal e orientações nutricionais, podendo incluir orientações para família.

PROGRAMA DE APOIO PSICOLÓGICO

Psicólogo Lauro Take Tomo Veloso

A abordagem psicológica e outro aspecto importantíssimo na terapia e controle da asma, com atuação teórica (educativa) e aplicação profissional (entrevista e orientação).

1. Abordagem em grupo
2. perfil psicológico do asmático;
3. inventários;
4. ISSL (estresse);
5. beck (ansiedade e depressão);
6. assertividade (*rathus*);
7. questionários;
8. entrevistas para os casos indicados;
9. psicoprofilaxia:
    A. ansiedade;
    B. depressão;
    C. estresse;
    D. fobia social;
    E. inassertividade.

PROGRAMA EDUCATIVO DE ENFERMAGEM

O programa de enfermagem tem como objetivo profissional, orientar o asmático com relação a doença (programa educativo), conforme modelo a seguir:

1. compreende sua doença e o que afeta sua condição;
2. verbaliza que se deve preservar a função pulmonar existente aderindo ao seu programa;
3. instruir o paciente a evitar irritantes brônquicos, como a fumaça de cigarro, aerossóis, extremos de temperatura e fumos;
4. verbaliza a necessidade de ficar longe de multidões na estação da influenza, ou de pessoas com gripe;
5. ensinar o paciente sobre sua doença e cuidado.

O programa de Natação Terapêutica para Asmáticos é um método específico de aplicação de técnicas respiratórias, visando à reeducação respiratória, por meio dos nados adaptados de acordo com as restrições apresentadas de cada paciente.

PROGRAMA DE NATAÇÃO TERAPÊUTICA

Professor Paulo Roberto de Oliveira

Objetivos

1. reeducar a função respiratória por técnicas específicas utilizadas nos estilos indicados da natação;
2. prevenção do acúmulo das secreções traqueobrônquicas;
3. recuperação dos parâmetros ventilatórios o mais próximo possível do padrão de normalidade;
4. prevenção de alterações posturais e evitar o agravamento das existentes.

A título de ilustração, segue apresentação da medição do *pico de fluxo* utilizada na piscina.

A seguir, o relatório de reavaliação dos programas de Natação Terapêutica e Fisioterapia Respiratória, referente aos meses de novembro e dezembro de 2004.

Parâmetros Reavaliados

- *Peak flow* – perimetria dinâmica torácica.
- Melhora clínica e medicação em uso.

Quadro 1 – Parâmetros reavaliados

Amostragem	
Número de pacientes inscritos no programa	27
Número de pacientes reavaliados	17
Fisioterapia respiratória	7
Natação terapêutica	10
Número de sessões no período	Novembro: 7 Dezembro: 5

Peak flow: medição do pico de fluxo.
Perimetria dinâmica torácica: medição da expansão e retração toracopulmonar.
Relatório por amostragem dos pacientes inscritos nos programas de Fisioterapia Respiratória e Natação Terapêutica referente aos meses de novembro e dezembro de 2004.

124 Natação terapêutica para asmáticos

Quadro 2 – Parâmetros avaliados

Percentual (%)	N.T.P	F.T.R
Melhora do *peak flow*	88,88%	85,71%
Piora do *peak flow*	0,0%	14,28%
Melhora da perimetria dinâmica torácica	100% nos quatro pontos	100% nos quatro pontos
Melhora clínica (relato pessoal): diminuição das crises no período	77,77%	57,14%
Crises no período	22,22%	42,85% com (1) internação hospitalar

N.T.P.: natação terapêutica para pneumopatas
F.T.R.: fisioterapia respiratória
Medicação em uso: dos 17 pacientes reavaliados, 29,41% utilizam medicação corretamente (tratamento) e, os demais, somente em crise.

Observação: a melhora da perimetria dinâmica torácica nos quatro pontos significa: perímetro superior torácico, médio, inferior e abdominal – diafragmática.

PROGRAMA DE EDUCAÇÃO EM ASMA

O Programa de Educação e Atuação em Asma obteve os resultados referentes ao período de 26 de outubro de 2004 a 31 de março de 2005, conforme segue demonstrativo:

Para o ingresso no programa em 2004 foram selecionados 48 pacientes com o objetivo de serem avaliados pelo educador físico e pela fisioterapeuta para a elaboração dos programas de natação terapêutica e fisioterapia respiratória. Contudo, houve algumas desistências conforme demonstra o gráfico a seguir.

Gráfico 1 – Adesão ao programa

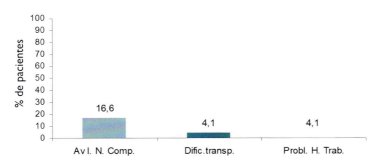

Número de pacientes: 48
AVL.N.Comp.: percentual de pacientes avaliados que não compareceram ao programa.
DIFIC.TRANSP.: Dificuldades no transporte.
PROBL.H.TRAB.: Problemas com relação ao horário de trabalho.

No período de 26 de outubro de 2004 a 31 de março de 2005, elaboramos um relatório com relação ao percentual de pacientes que tiveram aumento, diminuição ou ausência de internações hospitalares, inscritos nos programas de Natação Terapêutica e Fisioterapia Respiratória, conforme Gráfico 2.

Gráfico 2 – Internações no período (26/10/2004 a 31/03/2005)

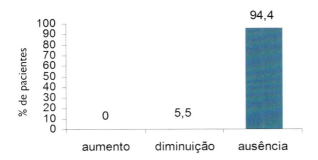

Nesse mesmo período, fizemos uma avaliação com relação ao percentual de pacientes que obtiveram aumento, diminuição ou ausência de crises de asma, inscritos nos programas de natação terapêutica e fisioterapia respiratória, conforme os resultados apresentados no Gráfico 3.

Gráfico 3 – Crises no período (26/10/2004 a 31/03/2005)

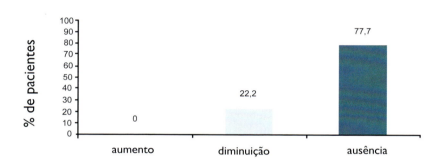

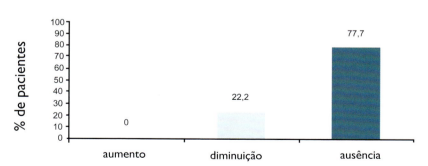

Com relação ao uso de medicação utilizada no mesmo período, os pacientes que praticaram a natação terapêutica obtiveram os seguintes resultados referentes à utilização antes de ingressar ao programa e atualmente.

Gráfico 4 – O uso da medicação na natação terapêutica

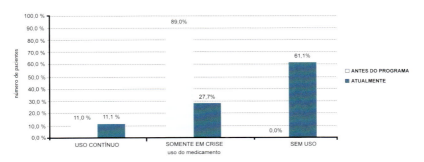

Percentual de pacientes de faziam uso contínuo medicamentoso (tratamento), somente nas crises de asma e os que não utilizaram medicamentos antes do Programa de Natação Terapêutica e atualmente.

No Programa de Fisioterapia Respiratória os resultados obtidos com relação ao uso de medicação no período mencionado seguem conforme o Gráfico 5.

Gráfico 5 – O uso da medicação na fisioterapia

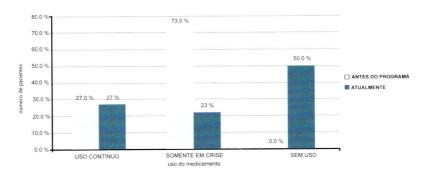

Percentual de pacientes que faziam uso contínuo medicamentoso, somente nas crises de asma e os que não utilizaram medicação antes do Programa de Fisioterapia Respiratória e atualmente.

Nesse mesmo período foram realizadas as medições do pico de fluxo, dos Programas de Natação Terapêutica e Fisioterapia Respiratória, obtivemos os seguintes resultados:

PEAK FLOW METER

Gráfico 6 – *Peak flow* – natação

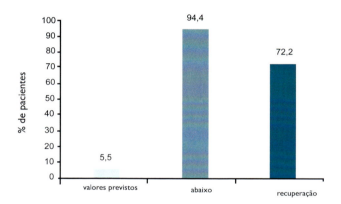

Gráfico 7 – *Peak flow* – fisioterapia

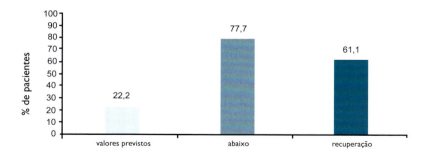

Valores previstos: padrão de normalidade.
Abaixo: abaixo do padrão de normalidade.
Recuperação: dentro do limite do padrão de normalidade.

Em 31 de março de 2005, elaboramos uma reavaliação da perimetria torácica e abdominal dos programas de natação terapêutica e fisioterapia respiratória, referente ao resultado da melhora do coeficiente de amplitude torácica e abdominal (diferença entre a fase inspiratória e expiratória), conforme o Gráfico 8.

Gráfico 8 – Perimetria dinâmica torácica e abdominal

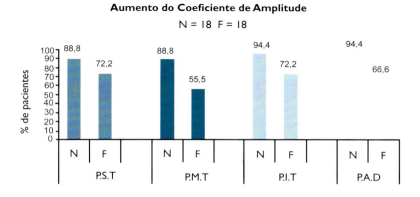

Em 2006, elaboramos um programa de ação social com palestras educativas aplicadas em clubes e escolas, com o objetivo de informar aos professores e a população em geral sobre os cuidados e tratamentos da asma.

A seguir, sugestões com relação ao conteúdo das palestras sobre asma:

- Noções sobre fisiopatologia da asma:
    - Conceito.
    - Classificação.
    - BIE (broncoespasmo induzido pelo exercício).
- O que fazer com a criança em crise.
- Na sala de aula.
- Nas aulas de Educação Física:
    - Substâncias alergizantes (poeira domiciliar, pó de giz etc.).
    - Sinais e sintomas da crise asmática.

- Posicionamento que pode favorecer a melhora na função respiratória, durante as crises de asma.
- Os alunos asmáticos devem ser dispensados das aulas de Educação Física?
- Exercícios respiratórios que podem ser utilizados durantes as aulas.

Tratamento medicamentoso

- Tratamento moderno medicamentoso para o controle das crises.
- As verdades e mitos sobre o uso de corticoides.
- Efeito dos broncodilatadores de curta e longa duração.

Atividade física e asma

- Atividades físicas mais indicadas no controle das crises de asma.
- As verdades e mitos sobre a utilização da natação como atividade física capaz de "curar"os problemas respiratórios.
- Natação Terapêutica – conceito, indicações e metodologia utilizada.
- Importância da avaliação e reavaliação respiratória e postural.

A IMPORTÂNCIA DE UMA EQUIPE INTERDISCIPLINAR

Em 2006, foi avaliado o grau de comprometimento com relação às crises de asma no período resultando:

Relatório das avaliações por amostragem dos pacientes inscritos no programa em 2006

Número total de pacientes no Programa: 100 pacientes. Amostragem no ano de 2006 foi:

- Natação Terapêutica: 15 pacientes.
- Fisioterapia Respiratória: 2 pacientes.
- Natação e Fisio: 4 pacientes.

Gráfico 9 – Crises no período: relação número de pacientes e crises no período de 2006 e sua intensidade

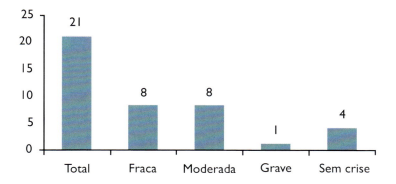

Sendo, 15 pacientes inscritos no programa de natação terapêutica, 2 pacientes no programa de fisioterapia respiratória e 4 em ambos, totalizando 21 pacientes.

O número de internações hospitalares referente a esse grupo de 21 pacientes sofreu uma queda no período de 2006 conforme Gráfico 10.

Gráfico 10 – Internações hospitalares durante o programa em 2006

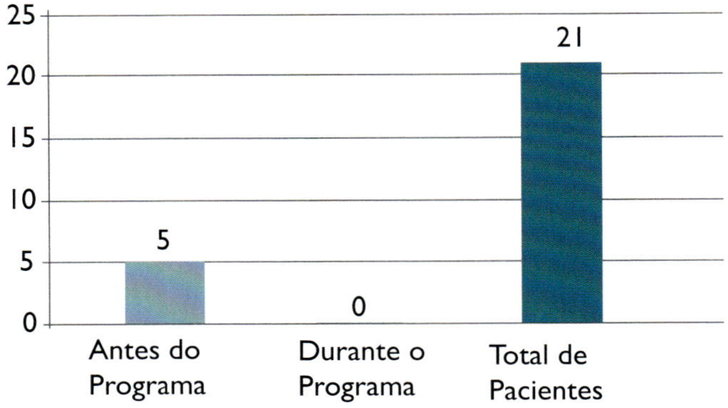

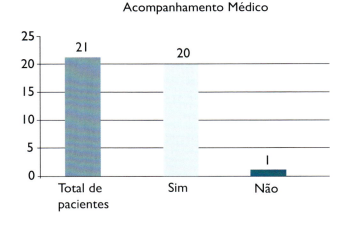

Neste período também, a maioria dos pacientes tinha acompanhamento médico conforme demonstra o Gráfico 11.

Gráfico 11 – Acompanhamento médico durante o programa em 2006

Dos 21 pacientes inscritos no programa, apenas um não possuía acompanhamento médico, e os demais eram atendidos por pediatras, alergistas, pneumologistas e imunologistas conforme demonstra o Gráfico 12.

Gráfico 12 – Especialista – número de indicações médicas por especialidade

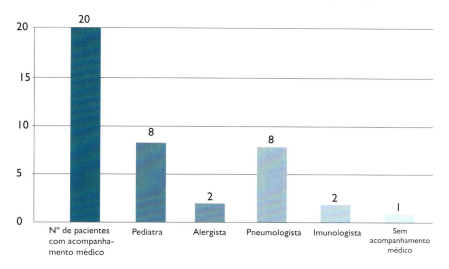

MODELO DE ENCAMINHAMENTO E ALTA PARA O PROGRAMA DE NATAÇÃO TERAPÊUTICA PARA ASMÁTICOS

Resumo dos parâmetros espirométricos (entrada no programa)

Inicial							
09/9/2005	Teórico	Lim. N.	Pré-BD atual	%T	Pós-BD atual	%T
C.V. (L)	1,70	1,27	0,79	46,6	0,80	47,3
C.V.F. (L)	1,70	1,27	0,77	45,2	0,71	41,9
VEF1 (L)	1,50	1,17	0,77	51,2	0,71	47,5
VEF1/CVF %	90,4	76,8	100,0	110,7	100,0	110,7
FEF MÁX (l/s)	2,44		2.12	87,0	2,64	108,3

Resultado: Distúrbio ventilatório restritivo

Resumo dos parâmetros espirométricos (Alta do programa)

Final 07/3/2006	Teórico	Lim. N.	Pré-BD atual	%T.	Pós-BD atual	%T.
C.V. (L)	1,82	1,36	1,15	63,0	1,23	67,7
C.V.F. (L)	1,82	1,36	1,15	63,0	1,23	67,7
VEF1 (L)	1,61	1,25	1,09	67,7	1,20	74,3
VEF1/CVF %	90,1	76,6	95,0	105,5	97,1	107,7
FEF máx. (l/s)	2,84	0,12	2,72	95,6	2,46	86,6
Resultado: Distúrbio ventilatório restritivo (G1)						

COMENTÁRIOS

O paciente desenvolveu Natação Terapêutica por 6 meses, onde foram aplicados exercícios respiratórios associados aos nados indicados, favorecendo a reexpansão e ventilação pulmonar, além de exercícios preventivos posturais.

A facilidade no entendimento e desenvolvimento da atividade favoreceu consideravelmente a obtenção de resultados positivos, apesar da baixa idade.

Esperamos contribuir para a melhora e controle da asma dos pacientes inscritos no Programa de Educação e Atuação em Asma da UNIMEDSJC – Cooperativa de Trabalho Médico.

Professor Paulo Roberto de Oliveira
Responsável pela Natação Terapêutica
CREF Nº 013525-G/SP

RELATOS DOS PACIENTES E RESPONSÁVEIS NO PROGRAMA DE 2006

A satisfação dos clientes em relação aos resultados apresentados no período de 2006 foi muito gratificante, e os relatos apresentados a seguir são uma maneira de expressarem o seu contentamento.

G. M. S.

Atividade: natação terapêutica, tempo: 17 meses

"Agradeço muito, principalmente ao Paulo e a Luciana por este trabalho com as nossas crianças e o carinho com eles, além da minha filha ter melhorado 70%, ela se desenvolveu muito no seu jeito de ser." [05/12/2006]

D. F. C.

Atividade: fisioterapia respiratória, tempo: 4 meses

"Atende às expectativas dos pacientes que necessitam desse tipo de tratamento, muito boa a parceria e satisfaz os clientes." [07/12/2006]

L. L. S. C. L.

Atividade: fisioterapia respiratória, tempo: 6 meses

"É ótimo, nesse tempo que fiquei no grupo aprendi muito, que pena que o tempo de duração é muito curto (50 minutos)." [06/12/2006].

SEM NOME

Atividade: natação terapêutica, tempo: 15 meses

"Só tenho a agradecer ao programa, pois por meio dele o meu filho alcançou o controle da asma e agora já está fazendo a experiência de reduzir a medicação." [07/12/2006].

H. N. F.

Atividade: natação terapêutica, tempo: 8 meses

"As palestras do professor Paulo R. Oliveira e do Lauro vêm ao encontro às nossas necessidades. A Unimed está de parabéns pelo programa da educação e atuação em asma, é muito importante e traz qualidade de vida para nós." [07/12/2006]

C. F. S. V. B.

Atividade: natação terapêutica, tempo: 8 meses

"Está sendo um excelente acontecimento na vida da C. e na vida de seus pais que deixaram de frequentar o Hospital Pró-infância rotineiramente depois de iniciar o tratamento no programa da Asma da Unimed. Esperamos que o programa continue por muito tempo para que mais pessoas possam se beneficiar dele." [07/12/2006]

T. F. S. C.

Atividade: natação terapêutica, tempo: 7 meses

"Eu acho muito bom esse programa. Minha filha tem melhorado bastante, quase não tem crises como tinha antes de participar deste programa. Está sendo muito importante para ela." [05/12/2006]

T. K. S. A.

Atividade: natação terapêutica, tempo: 6 meses

"É muito bom e ajuda muito no tratamento da asma. Os professores são ótimos e muito dedicados." [07/12/2006]

M. A. D. C.

Atividade: natação terapêutica, tempo: 24 meses

Observação: fez fisioterapia respiratória

"Tem sido muito bom, pois ele já não teve mais crises. Os resfriados ocasionais são passageiros. Conseguiu um desenvolvimento físico muito bom, bem como o controle da hiperatividade." [05/12/2006].

P. V. L. C.

Atividade: natação terapêutica, tempo: 8 meses

"Acho esse programa ótimo, pois, depois que o P. começou a frequentar o programa, não teve mais crises, antes ele sempre tinha de fazer inalação e tomar medicamentos, agora ele está muito bem." [13/12/2006]

G. R. O.

Atividade: natação terapêutica, tempo: 8 meses

"Um bom programa para que as crianças aprendam a respirar melhor e assim melhorar as atividades. Foi muito bom até para o desenvolvimento da minha filha." [10/12/2006]

C. H. P. S.

Atividade: natação terapêutica, tempo: 7 meses

"É uma forma de aprender melhor como lidar com os problemas."
[05/12/006]

F. B. A.

Atividade: natação terapêutica, tempo: 7 meses

"Está sendo ótimo para a saúde de minha filha." [05/12/2006]

Os relatos formulados pelos pacientes são uma maneira de expressarem o seu contentamento com relação ao programa educativo e aplicativo, o que reflete na sua ampliação, objetivando cada vez mais uma melhor adequação e adaptação de acordo com as possibilidades e restrições apresentadas pelos pacientes.

O programa de educação e atuação em asma, foi elaborado pela Dra. Denilse P. Basso (pneumologista infantil) e o professor Paulo Roberto de Oliveira (educador físico) em 2004, aprovado pelo doutor Wanderson Prado Leite (pediatra), coordenador do programa de Promoção de Saúde e a diretoria da Unimed de S. José dos Campos.

Os profissionais envolvidos no programa e suas atuações no período de 2004 a 2006 foram:

1. Andreia da Cunha Leite (Programa de Fisioterapia Respiratória)
2. Maria de Fátima da Silva (Programa de Nutrição)
3. Lauro Take Tomo Veloso (Programa de Psicologia)
4. Larissa Palma Carraro (Programa de Enfermagem)
5. Paulo Roberto de Oliveira (Programa de Natação Terapêutica)
6. Denilse P. Bassos (Programa de Orientação Médica)

Alguns profissionais continuam no programa de educação e atuação em asma até a presente data.

BIBLIOGRAFIA RECOMENDADA

ALMEIDA, C. A. D. Cinesioterapia na asma. *Pediatria Moderna*, v. 16, n. 2, p. 92-7, 1981.

ASTHMA SERIES 1- A-Sandoz publication, 1980.

ASTHMA SERIES 5- A-Sandoz publication, 1981.

BENATAR, S. R. Fatal Asthma. *N. Engl. J. Med.*, p. 314-423, 1986.

BASMAJIAN, J. V. *Exercícios por Terapêutica*. 3. ed. Barueri: Manole, 1980.

COMROE, J. H. *Fisiologia da respiração*. Rio de Janeiro: Guanabara Koogan, 1977.

CRAPO, R. O. Pulmonary function testing. *N. Engl. J. Med.*, p. 331-5, 1994.

CROCE, J. Asma Ocupacional. *Pediatria Moderna*, n. 2, p. 66-7, abr. 1981.

CUELLO, A. F. *Broncoespasmo y su tratamiento Kinesico*. Buenos Aires: Silka, 1974.

COLSON, J. H. C. Terapeutica por ejercicios progresivos. Barcelona: Jims, 1974.

DOU. Barcelona: Hispano Europea, 1977.

GRECO, D. B. Imunoterapia. *Pediatria Moderna*, v. 16, n. 2, p. 98-100, abr. 1981.

LAPIERRE, A. *La reeducación física*. Tomo II. 3. ed. Barcelona: Científico Médica, 1977.

LOUGH, M. D. *Terapía Respiratória en Pediatria*. Buenos Aires: Médica Panamericana S.A., 1975.

LUNG FUNCTION TESTING: Selection of reference values and interpretative strategies. American Thoracic Society. *Am. Rev. Respir. Dis.*, v. 144, n. 5, p. 1202-18, nov. 1991.

MOREHOUSE, L. E.; AUGUSTUS, T. M. *Fisiología del Ejercicio*. Buenos Aires: El Ateneo, 1965.

142 Natação terapêutica para asmáticos

MOUNTAIN, R.; ZWILLICH, C.; WEIL, J. Hypoventilation in obstrutive lung disease, *N. Engl. L. Med.*, v. 298, p. 52, 1978.

NATIONAL ASTHMA EDUCATION PROGRAM EXPERT PANEL. *Guidelines for the diagnosis and management of asthma.* US Departament of Health and Human Services. Bethesda: National Institutes of Health, 1997.

NADEAU M.; PÉRONNET, F. E. *Fisiologia Aplicada na Atividade Física.* Barueri: Manole, 1985.

NASPITZ, C. K. Asma Brônquica. *Pediatria Moderna*, v. 25, p. 179-80,1990.

OLIVEIRA, P. R. *Natação Terapêutica para Pneumopatas.* São Paulo: Panamed, 1984.

_____. *Natação terapêutica e as doenças obstrutivas bronco pulmonares.* São Paulo: Robe Editorial, 1994.

ODED BAR-OR, O. I. Natação e a Asma: Efeitos Benéficos e Prejudiciais. *Rev. Sprint*, ano 8, n. 73, p. 6-13,1994.

PIO, J.; CABRAL, D. Reabilitação do Paciente Asmático. *ARS CVRandi (Br)*, v. 16, p. 101-10, set. 1983.

SILVEIRA, I. C. *O Pulmão na Prática Médica.* 2. ed. Rio de Janeiro: PubMed, 1986.

STEGEMANN, J. *Fisiologia do Esforço.* 2. ed. Rio de Janeiro: Cultura Médica, 1979.

WEST, J. B. *Fisiologia Respiratória Moderna.* São Paulo: Manole, 1990.

_____. Respiration. *Ann. Rev. Physiol.*, v. 34, p. 91-116, 1972.

SOBRE O LIVRO

Formato: 16 x 23 cm
Mancha: 11,3 x 18,1 cm
Papel: Couché 115g
n° páginas: 144
1ª edição: 2011

EQUIPE DE REALIZAÇÃO

Assessoria Editorial
Maria Apparecida F. M. Bussolotti

Assistência Editorial
Nathalia Ferrarezi

Edição de Texto
Maria Apparecida F. M. Bussolotti e Fernanda Fonseca (Preparação do original e copidesque)
Patrícia Murari (Revisão)

Editoração Eletrônica
Fabiana Lumi (Capa, projeto gráfico, diagramação e tratamento de imagens)
Ricardo Howards (Ilustrações)

Impressão
Edelbra Gráfica